ARKANA

W0057480

MICHAEL ROSCHER

Die Stier Persönlichkeit

Charakter, Schicksal und Chancen.
Mit Mondpositionen
und Aszendentenbestimmung

GOLDMANN

Originalausgabe Januar 1999
© 1999 Wilhelm Goldmann Verlag, München
in der Verlagsgruppe Bertelsmann GmbH
Umschlaggestaltung: Design Team München
Umschlagabbildung: AKG, Berlin
Verlagsnummer 21505
Realisation und Gesamtbetreuung:
Christine Proske, Ariadne Buchkonzeption, München
Redaktion: Ralf Lay
Grafik: D.T.P. Factory, Susanne Bertenbreiter, München
Herstellung: H+G Lidl, München
Satz: Fotosatz Völkl, Puchheim
Druck: Elsnerdruck, Berlin
Made in Germany
ISBN 3-442-21505-6

1   3   5   7   9   10   8   6   4   2

Inhalt

ANHANG

Vorwort

Bücher zu den »Stern«- oder Tierkreiszeichen
gibt es scheinbar wie Sand am Meer. Welchen
Sinn macht es da, erneut darüber zu schreiben; ist nicht alles schon Dutzende Male ge-
schrieben worden, was es zu diesem Thema
mitzuteilen gibt? Ich glaube, nicht. Denn wer
sich ein wenig näher mit dem Thema Astrologie beschäftigt hat, kann zwei sehr unterschiedliche Bereiche ausmachen: Astrologie
als Unterhaltung und Zeitvertreib, wie wir sie
zum Beispiel auf Zuckerstückchenpapier und
auf der Horoskopseite nahezu jeder Illustrier-
ten finden, und die ernsthafte Astrologie,
deren Studium viele Jahre beansprucht. Auch
wenn die Astrologie einmal die Königin der
Wissenschaften war, die an jeder renommier-
ten Universität gelehrt wurde, so wird sie doch
heute von den meisten mit der Unterhaltungs-
astrologie verwechselt; und nur die wenigsten
wissen, wie umfangreich, komplex und faszinierend die »richtige« Astrologie ist.

Diese Buchreihe versucht einen dritten Weg
zu gehen, indem die ernsthafte und die Unter-
haltungsastrologie zusammengeführt werden.
Das, was sich mit den Methoden anspruchs-
voller Astrologie über die Tierkreiszeichen
sagen läßt, habe ich in diesen Bändchen dar-
zustellen versucht. Gerade weil auch die
Mondzeichen und die Bedeutungen der Geburtstage mit einbezogen wurden, konnten
Aussagen gemacht werden, die sicherlich um
einiges genauer und zutreffender sind, als dies
in einem »normalen« Buch über Tierkreiszei-

chen möglich wäre. Gleichzeitig sollte jedoch auch der unterhaltende Aspekt nicht zu kurz kommen, schließlich lähmt kaum etwas mehr das Interesse und die Neugier als trockener Lesestoff. Das Ziel war eine Lektüre, die seriöses astrologisches Wissen über uns selbst, über unsere Stärken und Schwächen vermittelt. Das Lesen sollte Spaß machen, und die Aussagen sollten so treffend sein, wie es in diesem Rahmen eben möglich ist. Wer auf den Geschmack kommt und noch mehr über sich und sein Horoskop erfahren möchte, findet zu diesem Thema Tips und Hinweise am Ende des Buches.

Ich möchte mich an dieser Stelle bei meiner Lebensgefährtin, der Astrologin und Buchautorin Brigitte Hamann, bedanken, die einen wesentlichen Anteil am Zustandekommen dieser Reihe hatte. Sie hat die Illustrationen und Zitate ausgesucht sowie die Märchen ausgewählt, bearbeitet und kommentiert, und einige Abschnitte entstammen – in leicht überarbeiteter Form – ihrem Buch *Die zwölf Archetypen*.

Michael Roscher,
im Herbst 1998

Kontaktadresse des Autors:

Michael Roscher
Schule für Transpersonale Astrologie ®
Postfach 31 02 01
D-90202 Nürnberg

Einleitung:
Wie die Gestirne unser
Schicksal beeinflussen

Die Astrologie ist trotz aller Anfeindungen ein
fester Bestandteil unserer Kultur, unseres Füh-
lens und Denkens geblieben. Das Interesse an
diesem seit Jahrtausenden genährten Wis-
sensschatz nimmt sogar immer mehr zu. Es
hofft zum Beispiel jeder, »unter einem guten
Stern geboren zu sein«, unabhängig davon, ob
wir an Astrologie glauben oder nicht. Und so
wird das Geburtsdatum eines Menschen nach
wie vor mit dem Sternsymbol ✳ dargestellt.

Die sieben Wochentage und ihre Namen werden von den sieben »klassischen« Planeten unseres Sonnensystems abgeleitet: der Sonntag
von der Sonne, der Montag vom Mond, der
Dienstag vom germanischen Kriegsgott Tiu
(Týr), der dem Mars entspricht. Der Mittwoch
heißt im Französischen *Mercredi*, also »Mer-
kurtag«. Der Donnerstag (im Englischen *Thurs-
day*) geht auf den germanischen Gott Thor
zurück, der wiederum mit Jupiter vergleichbar
ist. Der Freitag leitet sich von der Göttin Freyja ab, der germanischen Entsprechung der
Venus. Der Samstag, mit dem die Woche vollendet wird, ist dem Saturn zugeordnet.

Wochentage

Das Wort »Desaster« (Unglück) kommt vom
italienischen *disastro,* was »Unstern« bedeutet. Jemand, der einen starken Mars hat, wirkt
auf andere martialisch, das heißt »kriegerisch,
bedrohlich«; im Englischen nennt man die
Kampfkünste *martial arts.* Unsere Stimmun-

Die Planetensymbole

Sonne	Mond	Merkur	Venus	Mars
☉	☽	☿	♀	♂

Jupiter	Saturn	Uranus	Neptun	Pluto
♃	♄	♅	♆	♇

---

gen werden durch den Mond beeinflußt, was sich sprachlich in dem Wort »Laune« (lateinisch *luna* = »Mond«) widerspiegelt. Und wie der Mond sein Aussehen beständig verändert, so wechseln auch unsere Gefühle.

Es ließen sich noch viele Beispiele aufführen, doch soll dies hier genügen, um zu zeigen, wie sehr uns die Astrologie in Fleisch und Blut übergegangen ist, ohne daß uns dies normalerweise bewußt wird.

Charakter-anlagen und Schicksal

Daß sich über die Planetenstände bei der Geburt Charakteranlagen, Schicksal und Chancen ermitteln lassen, ist längst bewiesen, auch wenn die Gegner der Astrologie dies nicht wahrhaben wollen.

Früher meinte man, von den Gestirnen gingen Strahlungen aus, die uns im Augenblick der Geburt lebenslang prägen. Manche Forscher versuchen immer noch, die Stimmigkeit der Astrologie auf diese Weise zu erklären. Der Ansatz ist sicherlich nicht völlig falsch. Allein der Mond verursacht mit seiner Anziehungskraft Ebbe und Flut und hat, wie man inzwischen weiß, auch einen deutlichen Einfluß auf das Wetter. Wenn der Mond die Weltmeere zu bewegen vermag, dann ist es auch einleuchtend, daß er den Menschen beeinflußt, dessen

Der chaldäische Stern

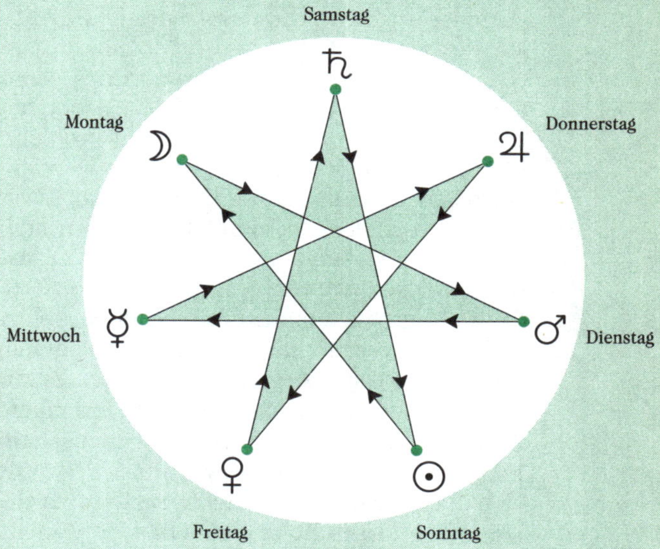

Samstag

Montag

Donnerstag

Mittwoch

Dienstag

Freitag

Sonntag

Die Darstellung der sieben klassischen Planeten als Tagesregenten kreisförmig in einem siebeneckigen Stern wird »chaldäischer Stern« genannt. Beginnt man beim Mond entgegen dem Uhrzeigersinn zu zählen, ergibt sich die Reihenfolge: *Mond, Merkur, Venus, Sonne, Mars, Jupiter, Saturn.* Dies gibt die Umlaufgeschwindigkeit der Himmelskörper um die Erde wieder. Der Mond bewegt sich, von der Erde aus gesehen, am schnellsten, der Saturn am langsamsten. Folgt man hingegen den Pfeilen des Sterns, entsteht die Reihenfolge: *Mond, Mars, Merkur, Jupiter, Venus, Saturn, Sonne,* was unseren Wochentagen entspricht.

Körper ja auch zum größten Teil aus Wasser besteht.

Die Astrologie funktioniert jedoch auch sicher bei der Ermittlung günstiger Daten für

*Ermittlung
günstiger
Daten*

Firmengründungen, Vertragsunterzeichnungen, Eheschließungen und dergleichen mehr. Hier fragt man sich dann in der Tat verwundert, wer oder was dabei durch irgendwelche Strahlen beeinflußt wird ... Nicht nur aus diesem Grund ist es besser, sich die Wirkungsweise der Astrologie wie die einer genau gehenden Uhr vorzustellen: Wir können an ihr problemlos die richtige Zeit ablesen, ohne daß jemand glauben würde, unsere Uhr beeinflusse die Zeit. Auf die gleiche Weise können wir in den Stellungen der Planeten Analogien unserer Charakteranlagen, unseres Schicksals und unserer Entwicklungsmöglichkeiten erkennen, ohne daran glauben zu müssen, daß die Planeten unser Schicksal *bestimmen* – sie *zeigen* es nur an. Dieser an sich völlig einfache Gedankengang wird selbst von führenden Wissenschaftlern offensichtlich nicht verstanden, so sie sich überhaupt die Mühe machen, der Astrologie Aufmerksamkeit zu widmen.

*Keine
Ersatz-
religion*

Ähnlich verhält es sich mit zahlreichen gläubigen Menschen, die fälschlicherweise annehmen, die Astrologie wäre eine »Ersatzreligion«, die uns ein unausweichliches Schicksal predige und an die Stelle des Gottesglaubens den an die Sterne setze. Nichts könnte falscher sein; denn ein vernünftiger Mensch wird die Psychologie nicht verdächtigen, Religion sein zu wollen, und Astrologie ist nichts anderes als das in Jahrtausenden gereifte psychologische Wissen der Menschheit – ein Erkenntnisprozeß, der begann, lange bevor es das Wort »Psychologie« überhaupt gab.

Einer der Grundlehrsätze der Astrologie lautet: »Der Weise beherrscht die Sterne.« Das heißt, die Astrologie strebt nicht an, dem Menschen ein angeblich unausweichliches Schicksal aufzudrängen, sondern sie will und kann echte Lebenshilfe sein, indem sie uns lehrt, uns selbst und unsere Mitmenschen besser zu verstehen.

Echte Lebenshilfe

Wenn wir beginnen, unser eigenes Wesen besser zu begreifen, werden natürlich auch Schwächen und der eine oder andere weniger erfreuliche Wesenszug sichtbar. Dies ist jedoch kein Grund, sich zu ärgern oder gar zu verzagen, sondern vielmehr die große Chance, das Beste aus unseren Möglichkeiten zu machen, die Schwierigkeiten, die wir mit uns und unseren Mitmenschen haben, zu meistern sowie dadurch zu wachsen.

Die Richtigkeit dieser Annahme wird uns indirekt auch bestätigt, wenn wir uns manche Menschen anschauen, die in ihrem Horoskop die umgekehrten Voraussetzungen aufweisen – sie sind besonders begabt, in ihrem Leben bieten sich außergewöhnliche Möglichkeiten, und sie machen dennoch nichts daraus. Das beste Horoskop nützt also wenig, wenn wir nicht unsere Fähigkeiten erkennen und uns um ihre Entwicklung bemühen: Die Welt ist voll von begnadeten musikalischen Talenten, die niemals die Ausdauer aufbrachten, ein Instrument richtig spielen zu lernen. Ein Künstler mit eher mäßiger Begabung und dem Willen, seine Möglichkeiten voll auszuschöpfen, kann dagegen bereits Außergewöhnliches erreichen, und der Erfolg ist schier unaufhaltbar, wenn die konsequente Entwicklung unserer Fähigkeiten mit einer besonderen Begabung zusammentreffen.

Wille zur Entwicklung

Dieses Buch möchte Sie dabei unterstützen, sich selbst und Ihre Mitmenschen besser zu verstehen. Wenn wir Verständnis füreinander in Handeln umsetzen, ist es nahezu unvermeidlich, daß wir erfolgreicher und effektiver werden, vor allem aber, daß wir ein zufriedeneres und erfüllteres Leben führen.

Die Tierkreiszeichen und das Horoskop

In der Umgangssprache hat sich der Begriff »Sternzeichen« eingebürgert, wenn eigentlich von Tierkreiszeichen die Rede ist. Es gibt die Sternbilder am Himmel und die Tierkreiszeichen; irgendwann einmal entstand der etwas unglückliche Begriff von den »Sternzeichen«.

»Sternzeichen«

Die Sternbilder, die sich auf der Sonnenbahn befinden und den gleichen Namen wie die Tierkreiszeichen tragen, haben mit letzteren jedoch überhaupt nichts zu tun. Ihre Position verändert sich jedes Jahr ein wenig, und so kommt es, daß die Sonne am 21. März (oder einem beliebigen anderen Datum) an einer völlig anderen Stelle aufgeht, als dies etwa vor 2000 Jahren der Fall war.

Diese Namensgleichheit hatte unglückliche Folgen, werden Sternbilder und Tierkreiszeichen doch heute noch von vielen miteinander verwechselt oder gar gleichgesetzt. Das führt sogar so weit, daß vor allem Astronomen, die gern gegen die Astrologie wettern, behaupten, die Astrologen würden ihre Horoskope falsch berechnen. Diese ständige Verwechslung zeigt unter anderem, wie wenig sich die Gegner der Astrologie mit dem Thema überhaupt beschäftigt haben.

Die meisten Menschen wissen, ob sie ein Stier, ein Krebs oder ein Fisch sind, jeder kennt sein »Sternzeichen«. Wie diese Zuordnung zustande kommt, wissen dagegen nur wenige; dabei ist es einfach, die Grundlagen der Astrologie zu verstehen: Die Erde beschreibt im Laufe eines Jahres einen (näherungsweisen) Kreis um die Sonne. Von der Erde aus gesehen, ist diese auch »Ekliptik« genannte Umlaufbahn jedoch der Weg, den die Sonne innerhalb des Jahres scheinbar am Himmel zurücklegt; das heißt, die Sonne steht nach zirka 365 Tagen wieder an dem Himmelspunkt, von dem aus sie »ihre« Wanderung begann. Unterteilt man die Ekliptik in zwölf gleich große Abschnitte, ergibt sich die Aufgliederung des Tierkreises (Zodiakus) in zwölf Zeichen. Unser »Sternzeichen« ist nun nichts anderes als das Tierkreiszeichen, in dem die Sonne zum Zeitpunkt unserer Geburt stand. Wer beispielsweise ein Löwe ist, bei dem befand sich die Sonne im Zeichen des Löwen (120 bis 150 Grad im Tierkreis), als er zur Welt kam. Allerdings beginnt das astrologische Jahr nicht am 1. Januar, sondern am 21. März, exakt am Frühlingsanfang. Das astrologische Jahr ist übrigens mit dem astronomischen identisch.

Stand der Sonne

Astrologisches Jahr

Der Tierkreis beginnt mit dem Zeichen Widder, deshalb ist jeder, der zwischen dem 20./21. März und dem 19. bis 21. April geboren wurde, Widder. Auf den Widder folgt der Stier, daher dürfen sich alle, die zwischen dem 19. bis

---

Die Symbole der Tierkreiszeichen

Widder	Stier	Zwillinge	Krebs	Löwe	Jungfrau
♈	♉	♊	♋	♌	♍

Waage	Skorpion	Schütze	Steinbock	Wassermann	Fische
♎	♏	♐	♑	♒	♓

Sternbilder und Tierkreiszeichen

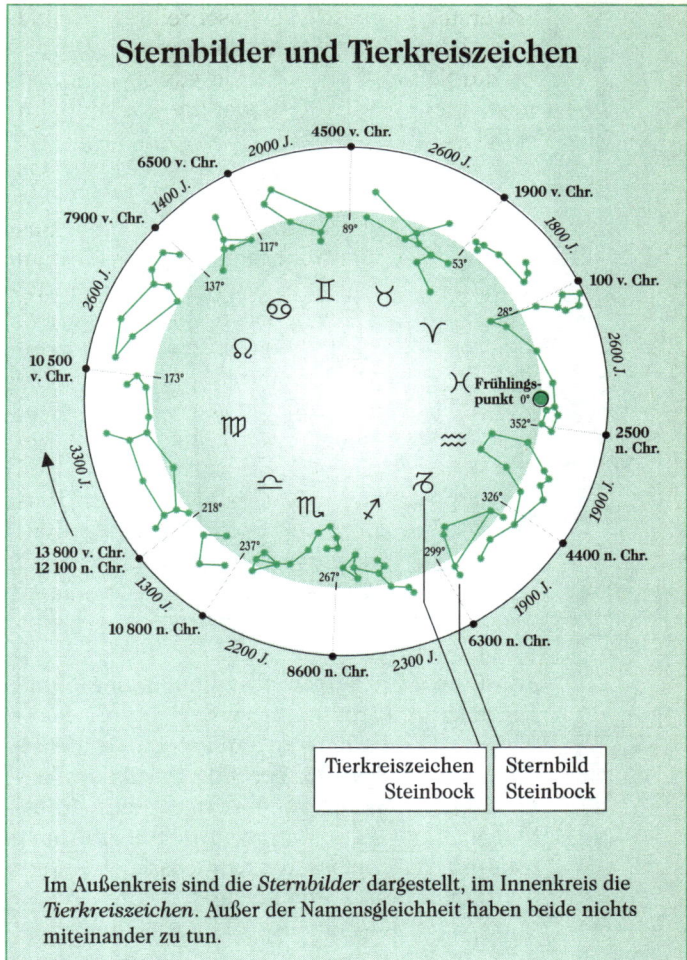

Im Außenkreis sind die *Sternbilder* dargestellt, im Innenkreis die *Tierkreiszeichen*. Außer der Namensgleichheit haben beide nichts miteinander zu tun.

21. April und dem 20. bis 22. Mai geboren wurden, »Stier« nennen – und so fort. Von der Erde aus gesehen, umkreist die Sonne aber nicht

Das geozentrische Weltbild

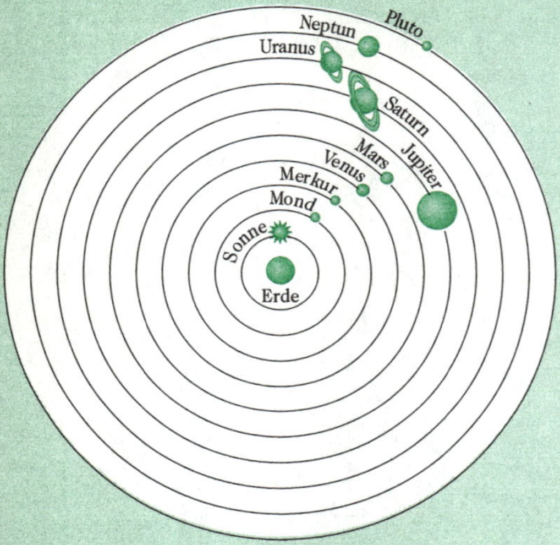

Pluto
Neptun
Uranus
Saturn
Jupiter
Mars
Venus
Merkur
Mond
Sonne
Erde

nur einmal im Jahr, sondern auch einmal pro Tag unseren Planeten.

Diese Laufbahn wird ebenso in zwölf verschiedene Abschnitte gegliedert und den Tierkreiszeichen zugeordnet. Man kann diese Vorgänge mit einer Uhr vergleichen. Die eine Umdrehung entspräche dann dem Minuten-, die andere dem Stundenzeiger.

Horoskop-erstellung

Will man nun ein Horoskop erstellen, trägt man zunächst das Sonnen-Symbol an der Stelle im Horoskopformular ein, an der das Tierkreiszeichen steht, unter dem man geboren ist, zum Beispiel Waage (siehe Abbildung »Die Sonne in der Waage«).

Für ein Horoskop werden jedoch noch die übrigen Planeten unseres Sonnensystems gebraucht, zu denen in der Astrologie auch der Mond ☽ gehört (siehe die Abbildung »Beispiel für ein Horoskop mit allen Planeten« auf der nächsten Seite).

Ebenso wie jeder von uns ein Sonnenzeichen hat, besitzt er auch ein Mondzeichen. *Mond-* Dieses ist für die Deutung der Persönlichkeit *zeichen* mindestens genauso wichtig wie das Zeichen

Die Sonne in der Waage

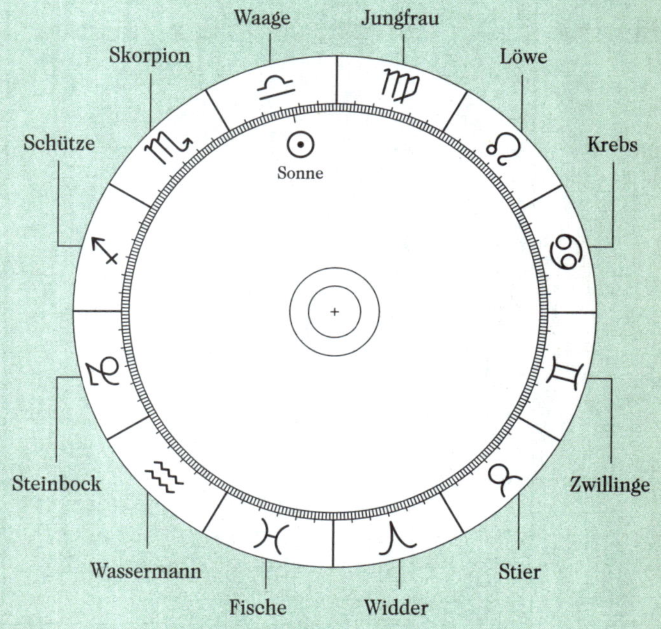

Waage · Jungfrau · Löwe · Krebs · Zwillinge · Stier · Widder · Fische · Wassermann · Steinbock · Schütze · Skorpion

Sonne

der Sonne. Die Sonnenzeichen sind wahrscheinlich nur deshalb bekannter, weil sie sich ganz leicht über das Geburtsdatum feststellen lassen.

Geburts-jahr

Das ist beim Mond nicht so einfach. Denn hier benötigen wir neben dem Geburtstag noch die Zuordnung zum Geburtsjahr. Da wir für Ihre Charakter- und Schicksalsanalyse jedoch auch das Mondzeichen verwenden wollen, finden Sie im Anhang eine Tabelle, mit der Sie leicht die Zeichenstellung des Mondes zum Zeitpunkt Ihrer Geburt bestimmen können.

Beispiel für ein Horoskop mit allen Planeten

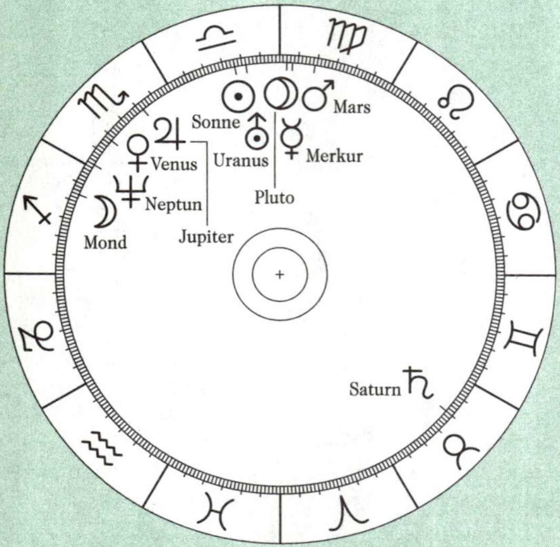

Sonne
Mars
Venus
Uranus
Merkur
Neptun
Pluto
Mond
Jupiter
Saturn

Die Häuser im Horoskop

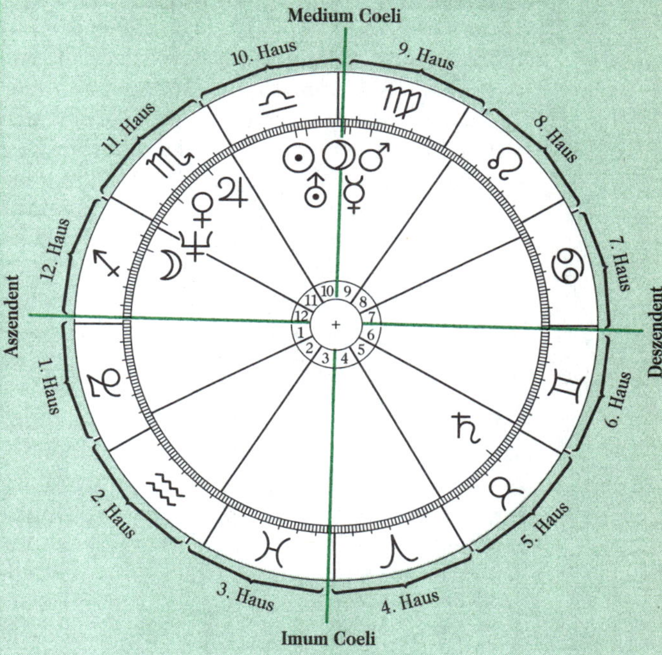

Medium Coeli

10. Haus

9. Haus

11. Haus

8. Haus

12. Haus

7. Haus

Aszendent

Deszendent

1. Haus

6. Haus

2. Haus

5. Haus

3. Haus

4. Haus

Imum Coeli

Eine ausschlaggebende Rolle innerhalb des Horoskops spielt der Aszendent. Dieser wird durch das Tierkreiszeichen bestimmt, das im Augenblick der Geburt über den Osthorizont tritt (lateinisch *ascendere* = »aufsteigen«). Dazu müssen Sie wissen, an welchem Ort und zu welcher Zeit Sie geboren sind. Eine Tabelle und eine genaue Anweisung zur Berechnung Ihres Aszendenten finden Sie im Anhang dieses Buches.

Aszendent

Für ein vollständiges Horoskop müßten allerdings noch mehrere andere wichtige Faktoren
berücksichtigt werden. Wir würden die sogenannten Häuser benötigen. Um diese zu berechnen, muß man beispielsweise die ganz genaue Geburtszeit und den Geburtsort kennen.
Die Verhältnisse, in denen die unterschiedlichen Planeten zueinander stehen (Winkel,
Aspekte), lassen erst präzise Aussagen über
individuelle Charaktereigenschaften und Le-
bensumstände zu.

Diese und andere wichtige Themen der
Astrologie sollen im Rahmen des vorliegenden
Buches, in dem es speziell um ein Tierkreiszeichen geht, jedoch nicht weiter ausgeführt
werden.

Wer sich mit all diesen interessanten Ein-
zelheiten genauer beschäftigen möchte, findet
dazu im Anhang einige Literaturempfehlun-
gen. Ebenso kann ein Buch über Tierkreiszeichen keine persönliche Horoskopdeutung
ersetzen. Selbst wenn Geburtstag und Mondzeichen einbezogen werden, fehlen für eine
Individuelle wirklich individuelle Interpretation wie gesagt
Inter- noch zu viele Faktoren. Wer es aber ganz ge-
pretation nau wissen möchte und ein exakt auf sich berechnetes und gedeutetes Horoskop wünscht,
kann bei uns hierzu kostenlos und unverbindlich weiteres Informationsmaterial anfordern.
Die Adresse finden Sie ebenfalls am Ende dieses Buches.

Doch lassen Sie uns nun erkunden, was
einen »typischen Stier« ausmacht. Beginnen
wir damit, uns einmal anzuschauen, welch unterschiedlichen prominenten Menschen dieses
Tierkreiszeichen gemeinsam ist.

Die Tierkreiskarte Stier des Malers Johfra

Bekannte Stier-Persönlichkeiten

Fred Astaire, Schauspieler
Honoré de Balzac, Schriftsteller
Gottfried Benn, Schriftsteller
Georges Binet, Maler
Anthony »Tony« Blair, Politiker
Pierre Curie, Wissenschaftler
Salvador Dalí, Maler
Elsbeth Ebertin, Astrologin
Sigmund Freud, Arzt und Psychologe
Max Frisch, Schriftsteller
Thomas Gottschalk, Talkmaster
Louise Huber, esoterische Astrologin
Immanuel Kant, Philosoph
H. Frh. v. Klöckler, Astrologe
Erich Carl Kühr, Astrologe
Heinrich Kündig, Astrologe
Franz Lehár, Musiker, Komponist
Leonardo da Vinci, Künstler, Naturforscher
Justus Liebig, Wissenschaftler
William Lilly, Astrologe
Karl Marx, Philosoph
Christian Morgenstern, Schriftsteller
Bruno Mussolini, Politiker
Robert Oppenheimer, Wissenschaftler
Evita Perón, Politikerin
Ida Rolf, Wissenschaftlerin
William Shakespeare, Dichter und
    Dramatiker
Barbra Streisand, Schauspielerin
Peter Tschaikowsky, Komponist
Harry Truman, Politiker
Claude Weiss, Astrologe

Tony Blair

Thomas Gottschalk

Robert Oppenheimer

Barbra Streisand

Der Stier – Daten und Symbole

19., 20., 21. April bis 20., 21., 22. Mai

**Qualität: weiblich, passiv, Yin
Element: Erde
1. fixes Zeichen
Herrscherin: Venus ♀**

Der Stier ist das zweite Tierkreiszeichen. Sein Beginn variiert von Jahr zu Jahr etwas und kann auf den 19., 20. oder 21. April fallen. Wer an einem dieser Tage geboren wurde und nicht weiß, ob er noch Widder oder schon Stier ist, kann dies der Tabelle im Anhang entnehmen. Ebenso gibt es Überschneidungen am Ende des Zeitraums. Im Zweifelsfall muß man die Uhrzeit der Geburt beim Standesamt seines Geburtsorts erfragen.

Unterschiedliche Anfangstage

Man neigt dazu, das Tierkreiszeichen-Symbol als stilisierten Stierkopf zu deuten. Es hat aber auch eine tiefere Bedeutung: Der Kreis ist ein Zeichen für die Erde, während die »Hörner« eine Art Schale darstellen, die den Regen auffängt, um die Erde fruchtbar zu machen.

Symbol

Die Wörter »Kuh« und »Erde« haben im Indogermanischen dieselbe Sprachwurzel (Sanskrit: *go*). Auch auf diesem Wege wird also die enge Verwandtschaft der Themen in der Vorstellungswelt unserer Ahnen deutlich. In der Runenmythologie entspricht dem Stier die Feh-Rune, die »Vieh, Geld, beweglicher Besitz und materieller Wohlstand« bedeutet. Begriffe, die viel mit dem Stier-Prinzip zu tun haben. Darüber hinaus ist ihm die Odil-Rune zugeordnet, die unter anderem die Bedeutung »Grundbesitz« hat. Auch dies ist ein Schlüsselbegriff des Stiers.

Die äußere und inhaltliche Ähnlichkeit zwischen Rune und Tierkreiszeichen-Symbol ist um so erstaunlicher, als sie sich unabhängig voneinander in unterschiedlichen Kulturkreisen entwickelt haben.

Herrscherin des Stiers ist die Venus, die diesem Erdzeichen seine Sinnlichkeit und seine Fruchtbarkeit verleiht. Nach dem Erwachen des Lebenswillens (Widder) entwickelt sich das Bedürfnis zur Paarung.

Freitag

Dem Stier ist (wie der Waage) der Freitag zugeordnet, da sich der Name »Freitag« von Freyja, der »germanischen Venus«, herleitet. In die Zeit des Stiers fallen traditionell viele Volksfeste. Kirmes, der Tanz um den Maibaum und andere Vergnüglichkeiten machen deutlich, daß die Härte des Winters endgültig vorbei ist. Für viele Tiere beginnt nun die Paarungszeit, und auch die Dorffeste dienten früher nicht zuletzt dem Zweck, daß die Jugendlichen die Möglichkeit bekamen, einander näherzukommen. So werden den beiden von der Venus beherrschten Zeichen auch Lebensgenuß, Geselligkeit und die Annäherung der Geschlechter (»Wein, Weib und Gesang«) zugeordnet.

Venus

»Typisch Stier« –
Stärken und Schwächen der
Stier-Persönlichkeit

Persönliche Stärken in Stichworten

Ästhetisch, ausdauernd, begehrlich, beharrlich, besitzergreifend, beständig, bewahrend, bodenständig, eigenwillig, einverleibend, erdhaft, friedlich, fruchtbar, geduldig, gelassen, genußfreudig, gesellig, gründlich, heiter, konventionell, körperbewußt, körperorientiert, künstlerisch, langmütig, leistungsfähig, musikalisch, musisch, natürlich, naturliebend, nüchtern, organisiert, pragmatisch, praktisch, produktiv, qualitätsbewußt, realistisch, ruhig, sachlich, schlicht, seßhaft, sicher, sicherheitsorientiert, sinnlich, solide, *Sinnlichkeit* stabil, standfest, statisch, strebsam, traditionell, traditionsverbunden, tüchtig, vergnügt, vernünftig, versöhnlich, warmherzig, zäh, zuverlässig.

Persönliche Schwächen in Stichworten

Bequem, dogmatisch, einfach strukturiert, einseitig, fanatisch, festgefahren, halsstarrig, materialistisch, nachlässig, naiv, opportunistisch, reizbar, »schwarzweißdenkend«, schwerfällig, sektiererisch, selbstzufrieden, stur, träge, undifferenziert, unduldsam, ver- *Sturheit* gnügungssüchtig, voreingenommen.

Im eigentlichen Sinne müßte dieses Tierkreiszeichen »Kuh« statt »Stier« heißen, weil es sich immerhin um ein weibliches Zeichen handelt. Doch da wir uns an den Geschlechtertausch von Prinzip und Wort bereits gewöhnt haben, wollen wir es auch in diesem Buch dabei belassen.

Weibliches Zeichen

Der Stier ist ein Herdentier, das seine Kraft aus ebendieser Herde bezieht: Angriffe von Wölfen oder Hunden sind nur bei Tieren aussichtsreich, die sich von der Gruppe entfernt haben. Wer in einem Western einmal eine »Stampede«, also eine wildgewordene Rinderherde, gesehen hat, konnte einen Eindruck davon gewinnen, wie das Vieh buchstäblich alles niedertrampelt, was sich ihm in den Weg stellt.

Auch sonst hilft das Bild des Westerns, ein intuitives Verständnis des Stiers zu erleichtern: Gegenspieler der »Cowboys«, die dem Widder-Prinzip zugeordnet werden, sind die »Farmer«. Sie ziehen nicht mehr oder weniger bindungslos umher, sondern haben vielmehr ein Stück Land, das sie bewirtschaften, und Tiere, die sie züchten.

»Farmer«

Ihr Besitz ist ihr ganzes Kapital, er macht sie aber auch verwundbar, denn schließlich kann man nicht ein Grundstück zusammenpacken und mit ihm umziehen, wenn Gefahr im Verzug ist. Alles, was der Farmer erwirtschaftet, ist natürlich auch für lichtscheue Gesellen interessant, die sich nicht die Mühe machen wollen, das ganze Jahr über hart zu arbeiten. So sind die Farmer auf gegenseitigen Zusammenhalt angewiesen, um sich gegen Angriffe von außen verteidigen zu können. Aber auch die Abhängigkeit vom Wetter, das eine ganze Ernte zerstören kann, sowie Krankheiten, die den Viehbestand gefährden, machen gegenseitigen Zusammenhalt und Nachbarschaftshilfe unumgänglich.

Ein Farmer mag noch so eigenbrötlerisch und dickköpfig sein, mit einer unsozialen Einstellung wird er auf Dauer nicht überleben können. Denn wer nicht bereit ist, anderen zu helfen, darf auch selbst nicht auf Unterstützung hoffen.

Gleichzeitig wird natürlich eine genaue Unterscheidung getroffen, wer zum eigenen Kreis dazugehört und wer nicht. Nur wer den »richtigen Stallgeruch« hat, wird als Gruppenmitglied akzeptiert, alles andere sind Fremde, die bestenfalls geduldet, aber niemals integriert werden. In dieser Verhaltensweise sind ländliche Gemeinschaften den Tieren einer Herde sehr ähnlich.

»Richtiger Stall-geruch«

Sie sehen, daß sich allein schon aus dem Namen eines Tierkreiszeichens und den sich daraus ergebenden Analogien weitreichende Schlüsse ziehen lassen, die sich dann auch in den Charakteranlagen widerspiegeln.

Tatsächlich steckt in jedem Stier-Geborenen der Archetypus des Bauern, was sich zum Beispiel darin zeigt, daß nahezu alle Menschen, die in diesem Zeichen geboren sind, Landwirte als Vorfahren haben. Und wenn es ein Sprichwort gibt, das auf alle Stier-Geborenen zutrifft, dann »Was der Bauer nicht kennt, das frißt er nicht!« – eine durchaus sinnvolle und gesunde Einstellung, nicht nur wenn es

»Glück: ein gutes Bankkonto, ein guter Koch und eine gute Verdauung.«

(JEAN-JACQUES ROUSSEAU)

sich tatsächlich um Knollenblätterpilze handelt. Ein wahrhafter Stier geht niemals unnötige Risiken ein, da er instinktiv weiß, daß
auch schon scheinbar geringfügige Fehler (wie
das Verwechseln von Pilzen) fatale Folgen
haben können. Von allen Tierkreiszeichen hat

Europa auf dem Stier

der Stier die größte Körperbetonung. Das heißt, alles, was sich anfassen, riechen, schmecken, sehen und hören läßt (in dieser Reihenfolge), daran glaubt er auch.

*Körper-
betonung*

Alles andere ist für ihn graue Theorie, mit der er nichts anfangen und hinter der er keinen Sinn erkennen kann. Das bedeutet natürlich nicht, daß es unter den Stieren keine Intellektuellen gäbe. Ein Blick auf die Namensliste am Anfang dieses Kapitels genügt, um sich vom Gegenteil zu überzeugen. Doch auch der ausgefuchste Stier-Wissenschaftler wird die praktische Anwendbarkeit seiner Forschungen im Auge haben und sich nicht in irrationale Luftschlösser ohne jeden Wirklichkeitsbezug verlieben.

Stiere essen und trinken gern. Dabei muß es nicht unbedingt viel sein, auf jeden Fall aber gut. Ein Stier, der keine Freude mehr am Essen und Trinken hat, ist wie eine Katze, die sich nicht mehr putzt: Er ist ernsthaft krank und hat offensichtlich jede Lebensfreude verloren. In diesem Fall kann die Problematik gar nicht hoch genug eingeschätzt werden, wenn man einmal von den etwas verqueren Ausnahme-Stieren absieht, die sich mit dem Essen immer und grundsätzlich schwertun. Normalerweise hat sich dieses Tierkreiszeichen jedoch genügend gesunde Instinkte erhalten, um auch in Zeiten starker seelischer Belastung für das körperliche Wohl zu sorgen. Woher soll denn auch die Kraft kommen, mit außergewöhnlichen Schwierigkeiten fertig zu werden, wenn man, von Hunger geschwächt, kaum aufrecht stehen, geschweige denn klar denken kann? Wahrscheinlich war es sogar

*Gutes
Essen*

Uraltes Ritual

ein Stier, der den Leichenschmaus, das Festessen nach einer Beerdigung, eingeführt hat. Dieses uralte Ritual wird heute von vielen nicht mehr richtig verstanden oder sogar als ein wenig geschmacklos abgetan. Dabei sollte symbolisch auf den Zyklus von Werden und Vergehen hingewiesen werden. Das gemeinsame Essen soll die Hinterbliebenen miteinander verbinden und ihnen die Kraft geben, trotz aller Trauer ihr eigenes Leben weiterhin zu meistern.

Beim Geld hört die Freundschaft auf

Guter Geschäftssinn

Stiere besitzen einen guten und handgreiflichen Geschäftssinn, was sich bei vielen von ihnen schon allein an der Tatsache zeigt, daß sie lieber Bargeld als Schecks entgegennehmen. Hier kann man allerdings einen einfachen »Tierkreiszeichen-Test« anwenden: Nehmen wir an, Sie haben bei einem Stier etwas für einen relativ geringen Betrag gekauft. Wenn sie nun mit einem großen Schein bezahlen, werden Sie mit ein wenig Aufmerksamkeit beobachten können, daß dieser Ihnen etwas unwillig Ihr Wechselgeld zurückgibt. Der Grund liegt nicht darin, daß er nun nicht mehr genug Kleingeld in der Kasse hätte, sondern in dem Problem, daß er Ihnen mehr Geld zurückgeben muß, als er an Ihnen verdient hat. Und das bereitet einem echten Stier ein mulmiges Gefühl, denn was er einmal hat, das gibt er nur ungern wieder her. Natürlich hat das gar nichts mit Logik zu tun, schließlich hat er an Ihnen nicht weniger verdient, als wenn Sie passend bezahlt hätten. Dennoch

aktiviert ein solcher Vor-
gang einfach die instink-
tive Eigenart eines Stiers.
Sie haben in dem Moment
das Warnprogramm »Hilfe,
jemand plündert alle mei-
ne Vorräte« in Gang ge-
setzt. Wenn Sie diesem
armen Menschen den Rest
geben wollen, kommen
Sie einfach nach ein paar
Stunden wieder, tauschen
den neu erworbenen Ge-
genstand um, und beste-
hen Sie auf Auszahlung.
Allerdings sollten Sie sich
nicht wundern, wenn Sie
in diesem Laden nicht
mehr gern gesehen sind ...

Doch vermutlich sind
das alles nur Äußerungen
eines Autors, der seinen Neid auf den unerreichten Sinn der Stiere für das Praktische
nicht verhehlen kann. Schließlich ist dies
das Zeichen der Materie, der Sinnlichkeit und der Fruchtbarkeit. Und hiermit ist
nicht nur die Erotik gemeint. Stiere haben *Erotik*
das Bibelwort »Seid fruchtbar und mehret
euch« vollständig verinnerlicht und können es
auf jedes beliebige Lebensthema anwenden,
vor allem auf ihren Besitz. Was immer ein
Stier sein eigen nennt, und sei es noch so
wenig, er wird sich nicht damit zufriedengeben, seinen Besitz zu erhalten, sondern alles *Mehrung*
tun, um ihn zu vergrößern. Und er wäre kein *des Eigen-*
Stier, wenn ihm dies nicht auch gelänge. Eigen- *tums*

tum muß Junge bekommen, sonst liegt es einem Stier nicht, und er wird bestrebt sein, es gegen etwas anderes einzutauschen.

Ein gutes Beispiel hierfür ist einer meiner Klienten, dem es beschieden war, ein Schloß zu erben. Da das Gebäude jedoch unter Denkmalschutz stand, waren bauliche Veränderungen kaum möglich und mit einer Unmenge behördlicher Auflagen befrachtet. Doch er arbeitete sich in dieses Spezialgebiet ein, restaurierte das Schloß kunstgerecht und verkaufte es mit einem Millionengewinn. Umgehend hat er daraus sogar einen Beruf gemacht:

Regelmäßig kauft er alte Schlösser auf – oft für die berühmte symbolische Mark –, restauriert diese kunstgerecht und verkauft sie mit großem Gewinn. Das Schloß hat also im wahrsten Sinne des Wortes »Junge bekommen«, und er selbst hat sich inzwischen zum mehrfachen Millionär entwickelt.

Der kluge Mann baut vor

Stiere sammeln gern, und zwar nicht nur Banknoten. Oft wird hier aus einer Schwäche eine Tugend gemacht: Da sie sich von allem, was sie einmal erworben haben, nur unter großen Schwierigkeiten wieder trennen können, neigen sie dazu, das Ganze gleich gründlich und mit Methode zu machen. Und es gibt nichts, was ein Stier nicht sammeln könnte: von Telefonkarten, Briefmarken über Bierdeckel bis zu Zinnsoldaten oder alten Käseschachteln. Was für

> »Es ist besser, ein regelmäßiges Einkommen zu haben, als faszinierend zu sein.«
>
> (OSCAR WILDE)

andere vielleicht nicht mehr als ein Haufen alter Plunder ist, gibt ihm ein Gefühl von Sicherheit. Schließlich kann es einmal Notzeiten geben, und dann kann er seine umfangreiche Sammlung versilbern, das ist zumindest seine Ausrede.

In dieser Hinsicht scheint der nächste Verwandte des Stiers im Tierreich der Hamster zu sein.

Es stört ihn kaum, wenn er von anderen dafür belächelt wird. Schließlich hat er auch in finanzieller Hinsicht seine Schäfchen ins trockene gebracht und sich genügend Nester angelegt, um für jeden Fall der Fälle gerüstet zu sein.

Stiere sind mißtrauisch und vorsichtig. Kaum ein Stier, der seines Zeichens würdig ist, wird einen Vertrag unterschreiben, ohne ihn gelesen zu haben – mehrmals und auch das Kleingedruckte, vor allem das Kleingedruckte, denn nicht zu Unrecht geht er davon aus, daß hier am ehesten ein Haken zu finden ist. Keinesfalls läßt er sich leicht übers Ohr hauen. Und wenn dies doch jemandem gelingt, sollte er nicht vergessen, daß ein Stier so gut wie immer eine Lobby hat: Er kennt die richtigen Leute, ist im richtigen Verein oder zufälligerweise der Firmenchef. Der Schlawiner, der glaubte, sein Schnäppchen auf Kosten eines Stiers zu machen, findet sich nur allzu schnell in der Rolle des unfreiwilligen Toreros wieder. Da Stiere oft gutmütig und ein wenig langsam sind, tappt immer wieder jemand in diese Falle. Er wird all sein Geschick einsetzen müssen, um vom Zorn des Stiers nicht regelrecht vernichtet zu werden.

Gesundes Mißtrauen

In der Ruhe liegt die Kraft

Stiere mögen es nicht, wenn man sie hetzt. Was sie tun, tun sie gründlich, sorgfältig und solide, und das braucht nun einmal seine Zeit. Wenn man sie in ihrem Rhythmus arbeiten läßt, leisten sie oft Hervorragendes, sie machen weniger Fehler als andere, eben weil sie sorgfältiger und überlegter vorgehen. So gleichen sie die scheinbar zusätzlich benötigte Zeit mehr als aus. Es macht keinen Sinn, Druck auf sie auszuüben, sie schalten dann einfach auf stur. Versucht man dies dennoch, sind die Folgen oft verhängnisvoll.

> »Das Wort ›Geduld‹ ist ein Schatz im Haus.«
>
> (CHINESISCHES SPRICHWORT)

Während meiner Studentenzeit arbeitete ich einmal als Lagerarbeiter bei einer der größten Traktorfirmen. Die Verwaltung der Lagerein- und -ausgänge unterstand einem Stier – ein ideales Aufgabengebiet für dieses Tierkreiszeichen. Alle eingelagerten Waren wurden in ein Computerprogramm eingegeben, damit auf einen Blick festgestellt werden konnte, wo sich welches Produkt befand. Der Lagerverwalter war ein sehr gewissenhafter Mann, und zur Sicherheit trug er alle Lagerbestände von Hand zusätzlich in ein Ringbuch ein. Im Rahmen von Rationalisierungsmaßnahmen wurde ihm diese »zweite Buchführung« als überflüssig und Zeitverschwendung untersagt. Als er diese doch heimlich weiterführte und dabei ertappt wurde, drohte man ihm mit Gehaltskürzung und Kündigung. Zähneknirschend fügte er sich der Anordnung von oben. Sechs Monate später kam es, wie es kommen mußte: Das Rechnersystem brach zusammen, alle Einträge über das Lager waren zerstört. Die Inventur dauerte Monate und brachte der Firma gigantische Verluste, da Kundenaufträge nicht mehr rechtzeitig bearbeitet werden konnten. Die Rationalisierung war so teuer geworden, daß sie die Firma an den Rand des Ruins brachte.

Das Ende vom Lied: Der Lagerverwalter erhielt von der Firmenleitung die hochoffizielle Anordnung, zusätzlich zu den Computereingaben auch eine Buchführung von Hand vorzunehmen.

Das Stier-Kind

Stier-Kinder sind oft ein wenig stiller als andere.Wenn sie gut versorgt sind, sind sie meist unkompliziert, freundlich und kooperativ. Solange dem kleinen Stier alles gefällt, ist er ein wahrer Wonneproppen. Das ist die gute Nachricht. Die schlechte Nachricht ist, daß keinem Kind immer alles gefällt, noch nicht einmal dem duldsamen Stier-Kind. Und dann wird es schwierig. Vielleicht sind seine Lungen nicht ganz so kräftig wie bei einem richtigen kleinen Stier, aber das gleicht es problemlos durch seine unglaubliche Ausdauer aus. Solange es sich um Nahrung handelt, ist die Sache leicht überschaubar: Was dem Stier nicht schmeckt, das spuckt er beim ersten Versuch aus, und einen zweiten wird es kaum geben, da Sie schon Gewalt anwenden müßten, um ihm einen zweiten Löffel auch nur in den Mund zu schieben. Uneinsichtige Eltern müssen damit rechnen, mit dem ungeliebten Brei beworfen

Freundlichkeit und Kooperation

zu werden. Nicht aus Boshaftigkeit, versteht sich, sondern um den elterlichen Trugschluß zu beheben, daß es sich hier um Nahrung handeln würde.

Solange der Nachwuchs zu klein ist, um zu sprechen, ist es schwierig, herauszufinden, wo ihn der Schuh drückt: Ist ihm die Kleidung zu eng, das Zimmer zu dunkel oder zu hell, oder haben Sie sein Lieblingsspielzeug verlegt? Je schneller Sie es herausfinden, um so besser, denn wenn der im Grunde friedliche Stier-Nachwuchs einmal ärgerlich wird, dann ist nichts und niemand vor ihm sicher. Den Begriff »unzerbrechlich« muß jemand erfunden haben, der noch nie mit einem Stier-Kind zu *Zornaus-* tun hatte – es gibt einfach nichts, was es nicht *bruch* in seinem Groll zerstören könnte. Haben Sie endlich die Ursache des Zorns entdeckt und beseitigt – etwa ein kratzendes Hemdchen –, dann sollten Sie noch einige Minuten Geduld haben, denn Ihr Sprößling wird sich so in seine Rage hineingesteigert haben, daß er einen Moment braucht, um überhaupt zu bemerken, daß er inzwischen seinen Willen bekommen hat. Mitten im Geschrei wird er stutzen, um sich umgehend zu vergewissern, daß wirklich alles in Ordnung ist. Jetzt können Sie aufatmen, das Gewitter ist vorüber.

Kleidung und Essen sind bereits für den *Essen* kleinen Stier von zentraler Bedeutung. Das Thema Essen haben wir ja bereits behandelt. Bei der Kleidung legt der Nachwuchs höchsten Wert auf Bequemlichkeit. Je flauschiger, desto besser. Drücken sollte es nirgends. Enge Klei-*Kleidung* dung mögen Stiere auch als Erwachsene fast nie. Hier können höchstens Eitelkeit und Modediktat über den persönlichen Geschmack dominieren.

Für das kleine Kind haben derartige Erwägungen allerdings noch keinen bedeutsamen Stellenwert, zumindest nicht, solange es noch nicht in den Kindergarten geht. Ab diesem Zeitpunkt wird Ihr Kind all das haben wollen, was die anderen Kinder auch haben. Erinnern Sie sich an die Sache mit dem »Stallgeruch«: Es will unbedingt dazugehören und nicht ausgelacht werden, weil es einen anderen Geschmack hat.

Schon früh zeigt sich bei vielen eine handwerkliche und künstlerische Begabung. So gut *Begabung* wie alle Stier-Kinder lieben es zu singen. Kinderlieder können sie meist schneller auswendig als Erwachsene. Wenn Ihnen die Begabung, die Ausdauer, die Zeit oder die Nerven fehlen, um mit Ihrem Kind oft und lange zu musizieren, sollten Sie sich beizeiten einen Vorrat an Kinderkassetten anschaffen. Viele Jung-Stiere sind musikalisch so begabt, daß es sich bereits in sehr jungen Jahren lohnt, mit dem Erlernen eines Musikinstrumentes zu beginnen. Sie brauchen keine Angst zu haben, damit die natürliche Entwicklung Ihres Kindes ungünstig zu beeinflussen: Wenn ihm die Sache keinen Spaß macht, können Sie es sowieso vergessen. Es hält lieber die Luft an, bis es blau anläuft, nimmt trotzig Stubenarrest oder die Streichung seines Lieblingsessens in Kauf, als daß es sich zu etwas zwingen läßt.

Auch Malen ist immer eine gute Sache. Besorgen Sie die größten Papierbögen, die Sie bekommen können, am besten Packpapier und große, breite Stifte, denn der junge Künstler braucht Platz für sein Werk. Sind die Bögen zu klein, müssen Sie damit rechnen, daß das Gemälde auf der Tapete, dem Tisch oder auch dem Fußboden vollendet wird. Zu kleine Stifte gehen schon beim ersten Benutzen kaputt, schließlich geht der Nachwuchs-Picasso kraftvoll zu Werke.

In ihrer Entwicklung sind sie nicht immer die schnellsten, vor allem, was das Sprechen und das Lernen angeht. Das ist kein Grund zur Sorge: Stiere sind in allem etwas langsamer, aber dafür auch gründlicher als andere. Was sie einmal gelernt und verstanden haben, vergessen sie nie mehr, allein das ist schon Grund genug, ihnen die Zeit zu geben, die sie brauchen.

> »Festina lente.«
> (Eile mit Weile.)
>
> (SUETON)

Die Stier-Frau

Die »Kuhäugige«

In Griechenland und Indien gibt es Göttinnen, die den Beinamen »die Kuhäugige« führen. Und dies ist als ein Kompliment und nicht etwa als Beleidigung gemeint. Nicht nur weil die Hindus die Kuh als heiliges Tier verehren, gelten deren Augen als besonders schön – sie sind es einfach: Besonders groß, glänzend und braun bis nahezu schwarz, haben sie eine faszinierende Ausstrahlung. Vielleicht liegt es an unserem allgemein eher abfälligen Verhältnis zu den »Rindviechern«, daß wir auch an ihren Augen auf den ersten Blick nichts Anziehendes erkennen wollen.

Sei dem, wie es wolle: Nicht alle, aber ungewöhnlich viele Stier-Frauen haben außergewöhnlich große, dunkle Augen, mit denen sie

den Männern buchstäblich den Kopf verdre-
hen. Die Schauspieler Audrey Hepburn ist
dafür ein gutes Beispiel.

Das Haar ist oft kräftig, dick und wellig, das
Gesicht im Verhältnis zum Kopf ungewöhnlich *Hohe*
groß und flächig, die Stirn breit. Stier-Frauen *Attrak-*
gehören zu den attraktivsten Damen des Tier- *tivität*

Venus von Milo

kreises. Viele von ihnen sind ausgesprochen hübsch und haben einen wohlproportionierten Körper. Selbst wenn sie nicht dem aktuellen Schönheitsideal entsprechen sollten, so besitzen sie doch immer eine ausgesprochen sinnliche Ausstrahlung, der die meisten Männer genausowenig widerstehen können. Und natürliche Erotik ist glücklicherweise nach wie vor unabhängig von jedem Modediktat.

Das ist auch kein Wunder, schließlich unterstehen die Stier-Frauen (gemeinsam mit der Waage) dem Liebesplaneten Venus, der Schönheit, Weiblichkeit und Erotik versinnbildlicht. Im Unterschied zu den Waage-Damen, die ja ebenfalls von der Venus beherrscht werden, sind sie erdhafter und auch praktischer. Sie haben nichts gegen Romantik, ganz im Gegenteil, aber sie allein genügt ihnen nicht. Mindestens genauso wichtig ist für sie, *Verläß-* ob sie sich auf ihren Partner verlassen können *lichkeit* und wie gut sie im Alltagsleben zusammenpassen. Daher wird sich eine Stier-Frau, die heiraten möchte und sich Kinder wünscht, nur in den seltensten Fällen in einen Mann verlieben, der bereits verheiratet ist und keine Kinder möchte. Schließlich weiß sie ja im voraus, daß sie von einem solchen Partner niemals das bekommen könnte, was sie sich wünscht. Wozu also sich sehenden Auges in sein Unglück stürzen?

Die meisten Stier-Frauen sind nicht für kurzfristige, oberflächliche Beziehungen geschaffen. Sie haben nichts dagegen, wenn andere damit glücklich sind, und sie selbst werden auch das eine oder andere Abenteuer eingehen, bis sie ihren Weg gefunden haben.

Sobald sie jedoch einmal wissen, was sie von einer Partnerschaft erwarten, empfinden sie weitere Experimente als überflüssige Zeitverschwendung. Sie lieben geordnete Verhältnisse, je übersichtlicher, um so besser. Ein gemeinsamer Lebensplan ist für sie weder langweilig noch einengend, sondern ein hoffentlich solides Fundament, das Sicherheit, Schutz und gegenseitige Nähe gibt. So ist sie, wenn sie sich einmal entschieden hat, fast immer sehr für Treue. Sie läßt sich ohne Wenn und Aber auf ihre Beziehung ein und erwartet von ihrem Partner das gleiche. Die Stier-Frauen sind vielleicht nicht immer außergewöhnlich intelligent (kein Tierkreiszeichen ist das), aber immer sind sie ausnehmend klug. Niemand kann ihnen auf die Dauer etwas vormachen, und mit einem Blick können sie feststellen, ob ein Mann sie anlügt oder nicht.

Geordnete Verhältnisse

»Wahre Liebe ist kein Kind von Augenblicken, ist kein Feuerstein, der flüchtige Funken sprüht. Langsam muß sie wachsen, sich entwickeln und zur Fackel werden, die beständig glüht.«

(IBN HAZM)

Stier-Frauen sind im allgemeinen umgängliche und friedfertige Menschen, die so schnell nichts aus der Ruhe bringt. Wenn man sie hintergeht, belügt oder betrügt, hört der Spaß allerdings sehr schnell auf: Es dauert lange, bis sie richtig zornig werden. Doch sind sie es einmal, dann kennt ihre Wut keine Grenzen, und sie finden kein Ende, bis sie ihren Gegner vollständig vernichtet haben. Das zur Warnung an alle Möchtegern-Casanovas.

Bei der Suche nach dem geeigneten Partner sind Stiere – unabhängig vom Geschlecht –

nur selten Draufgänger. Bei echten Stier-Frauen kommt dies so gut wie gar nicht vor. Sie erwarten von einem zukünftigen Partner, daß er sich im wahrsten Sinne des Wortes um sie bemüht – er soll sich Mühe geben und sich anstrengen, um zu beweisen, daß er es ernst meint. Wie soll aus einem Mann ein treuer und zuverlässiger Partner werden, der noch nicht einmal die Ausdauer besitzt, ein paar Monate um eine Frau zu werben?

Ausdauer

Einer meiner Klienten, der glücklich mit einer Stier-Frau verheiratet ist, erzählte mir, daß er seiner Angebeteten schon im Alter von zwölf Jahren seine Liebe gestanden hatte, nur um sich postwendend einen Korb zu holen. Doch er ließ nicht locker, er war immer für sie da, wenn sie Hilfe brauchte, und hielt auch dann noch zu ihr, als sie eine Lebensgemeinschaft mit einem anderen Mann einging. Ohne sie zu bedrängen, ließ er doch all die Jahre keinen Zweifel daran, daß er nach wie vor darauf wartete, daß sie seine Gefühle erwidere. Um eine lange Geschichte in Kürze zusammenzufassen: Nach mehreren gescheiterten Partnerschaften wurde seiner späteren Frau bewußt, daß er der einzige beständige, zuverlässige und treue Mensch in ihrem Leben war, und aus ihrer Freundschaft zu ihm wurde schließlich doch noch Liebe. Auf den Tag genau waren es 20 Jahre nach seiner ersten Liebeserklärung, als sie endlich heirateten. Mittlerweile sind sie 25 Jahre zusammen, haben drei erwachsene Kinder und sind nach wie vor glücklich miteinander.

Wie immer ist dies natürlich ein extremes Beispiel, doch eines kann jeder daraus lernen, der das Herz einer Stier-Frau erobern möchte: Ernsthaftigkeit und Geduld sind zwei Argumente, denen sie sich auf Dauer kaum zu entziehen vermag. *Ernsthaftigkeit und Geduld*

Die Stier-Frauen lieben die Bequemlichkeit. Nicht, daß sie etwa faul wären, aber anstrengende Aktivitäten lediglich um ihrer selbst willen werden nur wenige auf sich nehmen. Da sich bei den meisten auch der Ehrgeiz in Grenzen hält, streben relativ wenige Stier-Frauen eine Karriere an, wenn sie wirtschaftlich abgesichert sind. Tun sie dies dennoch, gibt es allerdings nichts und niemanden, der sie davon abhalten könnte, am allerwenigsten der Partner. Widerspruch bestärkt sie nur in ihrem Entschluß, und aus Entschlossenheit kann bei einem Stier schnell Sturheit werden. Langsam, aber unbeirrbar hat sich manche Stier-Frau in ihrem Beruf ganz nach oben gearbeitet, nur um ihrem Partner und ihrer Umgebung zu beweisen, daß niemand sie von ihren Zielen abbringen kann und daß sie auch erreicht, was sie sich vornimmt. *Karriere*

Der Stier-Mann

Im allgemeinen sind die Stier-Männer keine »Quasselstrippen«, aber es gibt Ausnahmen wie zum Beispiel Thomas Gottschalk oder Udo Lindenberg. In diesen Fällen ist immer eine besondere Zwillings- oder Schütze-Betonung im Horoskop vorhanden. Solche Stiere sind in vielfacher Hinsicht der Gegentyp zu den »normalen« Vertretern ihres Zeichens: Sie wollen immer und ständig im Mittelpunkt stehen, sie sind eitel, selbstgefällig und dominieren gern. *Ausnahmen*

Treue ist etwas für andere, sie selbst halten sich einen Harem oder täten dies zumindest am liebsten. Sie besitzen die Fähigkeit, Banalitäten so vorzutragen, daß man sie für eine tiefschürfende Erkenntnis hält, und bevor man ihnen auf die Schliche kommen könnte, haben sie schon längst das Thema gewechselt. Sie sind die perfekten Alleinunterhalter, und ihre Gegenwart ist genauso unterhaltsam wie anstrengend, da sie es geschickt zu verhindern wissen, daß man sich auch nur einen Augenblick mit etwas anderem als mit ihnen beschäftigt.

Männlichkeit

Die hartgesottensten Vertreter dieser Sonderform des Stiers tragen gern Leder und andere Kleidungsstücke, von denen sie glauben, daß sie ihre Männlichkeit unterstreichen. Ab einem gewissen Alter verhindert lediglich ihr Charme, daß sie in diesem Aufzug lächerlich wirken. Spätestens wenn sie sich einen Bart wachsen lassen, ärmellose Wildlederjacken in Kombination mit Jeans tragen, mit dem Pfeiferauchen beginnen und sich einen schnellen Sportwagen kaufen, befinden sie sich in einer echten Midlife-crisis. Diese Sorte Männer hat hart mit der Tatsache zu kämpfen, daß der Jugend Rosenblütentage schon lange vorbei sind.

Soviel zu den Exoten unter den Stieren – nur etwa jeder zehnte Vertreter dieses Zeichens gehört zu ihnen. Allerdings sind sie in Erscheinung und Verhalten so auffällig, daß sie hier einmal erwähnt werden mußten.

Die »normalen« Stiere mögen keinen Schnickschnack – außer ihrer Bierdeckel-, Briefmarken- oder Zinnsoldatensammlung –, aber sie kämen auch niemals auf die Idee, diese als Schnickschnack anzusehen. Und Sie tun es besser auch nicht, wenn Sie mit einem Stier gut auskommen wollen.

Der Stier mag es nicht, wenn zuviel geredet wird, und er selbst geht mit gutem Beispiel voran. Was er zu sagen hat, sagt er auch, aber er überlegt sich lieber dreimal, ob es auch sinnvoll und notwendig ist, statt einfach so draufloszuplappern. *»Schweigen ist Gold«*

Stier-Männer essen und trinken gern, und beides kann zu einem Problem werden, das im Laufe der Jahre sogar ihre an sich robuste Gesundheit untergräbt. Sie werden nicht allzuoft krank, wenn man einmal vom eben erwähnten Problem absieht. Wenn es sie jedoch einmal umwirft, dann stehen sie auch nicht so schnell wieder auf, was auch damit zusammenhängt, *Krankheit* daß sie nicht allzugern zum Arzt gehen – und wenn, sich nicht unbedingt an seine Ratschläge halten. Die erste ernstzunehmende Krankheit in ihrem Leben ist für sie wie ein Schock, waren sie doch bis dahin fest von ihrer eigenen Unverwundbarkeit überzeugt.

Sie haben klare Vorstellungen von richtig und falsch, gut und böse, aber sie besitzen nur in den seltensten Fällen den missionarischen Ehrgeiz, andere von ihren Ansichten zu überzeugen. Wenn jemand ihre Meinung teilt – gut. Wenn er anders denkt, ist ihm eben nicht zu helfen. Sie werden einfach schweigen und das Thema nicht mehr ansprechen.

Die meisten männlichen Stiere haben die Entwicklung ihres Weltbildes mit 14 bis 18 Jahren abgeschlossen, danach können nur noch schwerste Erschütterungen und Lebenskrisen sie zu einem Umdenken bewegen. Kein Wunder, daß sie auf andere oft stur wirken. Sie selbst halten sich keineswegs für stur, sie bleiben lediglich bei ihrer Meinung. Einen Stier-Mann stört es nicht, wenn ihm die Argumente ausgehen, er weiß, daß er trotzdem recht hat, auch wenn er rhetorisch nicht so begabt ist wie sein Gegenüber.

> »Heil'ge Ordnung, segensreiche Himmelstochter.«
>
> (FRIEDRICH SCHILLER)

Ein Stier braucht Ordnung und Gleichmaß in seinem Leben. Alles soll nach überschaubaren Regeln ablaufen. Das betrifft die Essenszeiten genauso wie seinen Arbeitsplatz oder seinen Ohrensessel vor dem Fernseher. Jedes Ding soll an seinem Platz sein und das Leben seinen geordneten Gang gehen. Dann fühlt er sich wohl, dann ist und bleibt er gesund. Verhindern Sie eine Woche lang seinen gewohnten Mittagsschlaf oder geben ihm ungewohnte Nahrung zu essen: Er wird in kürzester Zeit sein seelisches Gleichgewicht verlieren, sich unwohl fühlen oder gar zu kränkeln beginnen. Andere mögen soviel Behäbigkeit langweilig und ermüdend finden, ihm gibt es ein Gefühl von Sicherheit.

Ordnung

Die meisten Stier-Männer sind nicht das, was man sich unter einem echten Frauentyp vorstellt – zumindest nicht auf den ersten Blick. Sie sind nicht so glamourös wie andere, sie können nicht so geschickt Süßholz raspeln, sie putzen sich nicht so heraus, und sie geben nicht so an. Vor allem liegen ihnen das Flirten und die Brautschau nicht besonders. Zum einen ist der Stier schüchtern, zum anderen – wir erwähnten es bereits – stur, und zum dritten glaubt er fest daran, daß die Richtige schon kommen wird. In dieser Hinsicht

Frauen

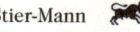

gleicht er dem Kakapo: einem dicken, flugun-
fähigen, nahezu ausgestorbenen Papagei, der
nichts anderes tut, als in seinem Nest herum-
zustehen, zu brummen und zu hoffen, daß
endlich ein interessiertes Weibchen vorbei-
kommt.

Zum Glück gibt es doch ein paar Unter-
schiede: Daß der Kakapo fast ausgestorben ist,
kann durchaus damit zusammenhängen, daß
seine Form der Brautschau nicht unbedingt
die effektivste ist. Die Stiere sterben nicht aus,
ganz im Gegenteil, fast allen von ihnen ist es
ausgesprochen wichtig, eine Familie zu gründen und Kinder in die Welt zu setzen. Und das
gelingt ihnen auch so gut wie immer. Einer der
Gründe ist, daß sie im Unterschied zu unserem armen Papagei gesellige Wesen sind. Andere Tierkreiszeichen mögen Schwierigkeiten *Eroberun-*
damit haben, einen Bekanntenkreis aufzubau- *gen*
en, in dem sich dann auch ein möglicher Partner finden läßt. Das ist nicht das Problem echter Stier-Männer. Meistens kennen sie die
Dame ihres Herzens längst, nur weiß sie noch
nichts davon, oder sie läßt es sich nicht anmerken. Wenn ein Stier-Mann die Richtige gefunden hat, wird er nicht den Fehler begehen
und überhastet handeln. Er kann warten, bis
seine Zeit gekommen ist. Bis es soweit ist,
behält er seine Angebetete im Auge, versucht
sie dezent auf sich aufmerksam zu machen
und schlägt Mitbewerber so unauffällig wie
möglich in die Flucht. Wenn er sich endlich sicher ist, daß seine Gefühle erwidert werden
oder er zumindest reelle Chancen hat, dann
gibt es nichts, was ihn noch aufhalten könnte.
Er wird die richtige Gelegenheit und die rich-

tigen Worte finden, um ihr Herz zu gewinnen. Selbst wenn er sie mühsam aufschreiben und lange vor dem Spiegel üben muß, bis er sie auswendig vortragen kann.

Wie bereits gesagt, sind viele Stier-Männer nicht der Typ, in den sich Frauen auf den ersten Blick unsterblich verlieben. Auf den zweiten und dritten dafür um so mehr: Sie bieten *Sinnenfrohe* Verläßlichkeit, sie sind treu, und sie sind sin*Genießer* nenfrohe Genießer. Eine Frau, die den Mann fürs Leben sucht, kann es kaum besser treffen. Wie schon gesagt: Wofür ein Stier sich einmal entschieden hat, dabei bleibt er dann auch. Er nimmt seine Partnerin so, wie sie ist, denn schließlich hat er sie ja ausgesucht, weil sie ihm gefällt, und nicht, weil er sie umkrempeln *Beständ-* möchte. Das gleiche erwartet er auch von ihr. *digkeit* Frauen, die ihre Selbstbestätigung allein dadurch finden, ihren Partner nach ihren Vorstellungen zu erziehen, haben es mit einem Stier-Mann schwer – um es sehr vorsichtig auszudrücken.

Die Bedeutung des Geburtstages

Das folgende Kapitel behandelt die einzelnen Geburtstage, die in Gruppen von jeweils drei Tagen zusammengefaßt sind. Dies erlaubt eine wesentlich persönlichere Deutung, als es über das Tierkreiszeichen allein möglich wäre. Wenn Sie die Aussagen zu den jeweiligen Geburtstagen mit dem, was Sie über das Tierkreiszeichen Stier gelesen haben, kombinieren, werden Sie die Stier-Persönlichkeit mit Sicherheit noch besser getroffen finden.

Ergänzender Hinweis: Die in den Geburtstagsgruppen gemachten Aussagen leiten sich von den sogenannten »Kritischen Graden« ab. Diese kommen in unterschiedlicher Häufigkeit über den gesamten Tierkreis verteilt vor. Wenn Sie also – etwa beim gründlichen Vergleich verschiedener Bände aus dieser Reihe – zu unterschiedlichen Daten den gleichen Text vorfinden sollten, ist dies kein Fehler, sondern Absicht. Bei diesen Menschen stand die Sonne zum Zeitpunkt der Geburt eben auf dem gleichen »Kritischen Grad«.

(19.) 20. bis 22.4. (29 Grad Widder bis 1 Grad Stier)

Diese Menschen sind die geborenen Krisenmanager. Wenn alle anderen die Nerven verlieren, übernehmen sie die Angelegenheit und bringen sie in Ordnung. Fast scheint es, als ob sie mit schlechten Zeiten besser zurechtkämen

Geborene Krisenmanager

als mit guten. Denn für Probleme fällt ihnen so gut wie immer eine Lösung ein, während sie sich oft schwertun, die angenehmen Seiten des Lebens zu genießen. Es ist einfach nicht ihre Sache, entspannt im Liegestuhl zu liegen und zu faulenzen, das empfinden sie schlichtweg als Zeitverschwendung. Wenn man sie allerdings vor Aufgaben stellt, bei denen sie Pionierarbeit leisten können, sind sie glücklich. Sie wollen dabeisein, wenn aus Ideen Realität wird, und sie möchten diejenigen sein, die daran wesentlichen Anteil haben. Sobald dies geschehen ist, verlieren sie schnell das Interesse an der Sache. Ihnen ist es wichtig, den Stein ins Rollen zu bringen, das Vermarkten und Verwalten eines Projektes überlassen sie gern anderen, solange sie ihren Obolus erhalten. Sie sind entscheidungsfreudig und übernehmen bereitwillig Verantwortung. Da sie sich sehr schnell ein Bild der Lage machen können, wirken ihre Beschlüsse auf andere oft überraschend. In den meisten Fällen wissen sie jedoch, was sie tun, und haben sich jeden Schritt genau überlegt.

Führungs-
persönlich-
keit

Es liegt deshalb auf der Hand, daß viele Menschen mit dieser Konstellation besondere Führungsqualitäten besitzen.

Ihnen selbst ist diese Tatsache oft durchaus bewußt, während ihre Umwelt meist eine ganze Weile braucht, um ihre besonderen Fähigkeiten zu sehen und anzuerkennen. Dies wird in vielen Fällen mit ihrer entschlossenen Art, die meist wenig diplomatisch ist, zusammenhängen.

Sie mögen es nicht, den »üblichen Dienstweg« zu gehen, sondern marschieren lieber direkt in das Büro des zuständigen Entscheidungsträgers und verhandeln persönlich. Obwohl sie mit dieser Vorgehensweise oft erfolgreich und effektiv sind, wirken sie auf andere doch manchmal ein wenig hemdsärmelig.

Ihre Umwelt reagiert auf sie oft mit einer seltsamen Mischung aus Verschrecktsein, da man sich von ihrem Elan überrollt fühlt, und Ignoranz, das heißt, man nimmt sie nicht so ernst, wie sie es verdient hätten. Da ihnen persönliche Anerkennung sehr wichtig ist – auch wenn sie dies nur ungern zugeben –, ist es für sie hilfreich, wenn sie sich ein wenig zurückhaltender und diplomatischer geben. *Anerkennung*

Der ideale Partner für sie ist jemand mit einem ausgeglichenen Temperament, viel Verständnis und Toleranz sowie klaren Prinzipien. *Partner*

23. bis 25.4. (2 bis 4 Grad Stier)

Die Menschen, die an diesen Tagen geboren wurden, sind immer ungewöhnliche und originelle Persönlichkeiten, die sich durch eine Vorliebe für Extreme auszeichnen. Ein gutes Beispiel ist ihr Ordnungssinn: Entweder sie haben keinen, oder alles muß penibel an seinem Platz sein, für das Mittelmaß sind sie nicht gemacht. Im Umgang mit anderen sind sie entweder außergewöhnlich aggressiv oder besonders freundlich. Ihre Zukunft ist sorgfältig geplant, oder sie leben eher chaotisch in den Tag hinein. Kompliziert wird diese außergewöhnliche Persönlichkeitsstruktur noch durch die Tatsache, daß sie je nach Lebensbereich gegensätzliche Eigenschaften aufweisen können. So mag jemand in seinem Privatleben ein Ordnungsfanatiker sein, während er seinen *Vorliebe für Extreme*

Arbeitsplatz in dieser Hinsicht vernachlässigt –
oder (was häufiger vorkommt) umgekehrt.
Manche sind im Umgang mit Untergebenen
besonders zuvorkommend, während sie sich
mit Arbeitskollegen ständig heftige Auseinandersetzungen liefern und so weiter. So fällt es
nicht leicht, sie zu verstehen, und sie haben
oft selbst Probleme damit.

Doch wer an diesen Tagen geboren wurde,
hat die besondere Chance, zu sich selbst zu
finden, indem er den Sinn anerzogener Einschränkungen und Tabus immer wieder hin-
terfragt. Auf diesem Weg kann er die Entschei-
dungsfähigkeit erwerben, sich selbst gerecht
zu werden, ohne anderen damit zu schaden,
wo es nötig ist, besondere Opfer bringen und
sich über falsche Moralvorstellungen hinweg-
setzen.

Entwickelte Persönlichkeiten versprechen
nicht mehr, als sie halten können. Im Umgang
mit anderen und in der Partnerschaft fällt es
ihnen leichter als vielen anderen, verbindlich
zu sein. Allerdings brauchen sie ihre Zeit, bis
sie bereit sind, sich auf einen anderen Menschen vollständig einzulassen. So genießen sie
Natürliche in ihrer persönlichen Umwelt eine natürliche
Autorität Autorität, sind glaubwürdig, und die anderen
schätzen sie für ihre Zuverlässigkeit.

Menschen, die an diesen Tagen geboren
wurden, haben oft instinktiv verstanden, daß
man nur für Dinge auf Dauer Verantwortung
übernehmen kann, an denen man auch Freude hat. So ist es zum Beispiel sicherlich wesentlich leichter, einem Partner treu zu sein,
wenn man sich zu diesem körperlich hingezo-
gen fühlt und die Sexualität für beide Seiten

befriedigend ist. Auch geschäftliche Vereinbarungen wird man gern und ohne Mühe eingehen und einhalten können, wenn man von ihnen profitiert.

Menschen mit dieser Konstellation sind oft überdurchschnittlich ausgeglichen und psychisch gesund, da sie es verstehen, sich ihr Leben ihren persönlichen Neigungen und Fähigkeiten angemessen einzurichten. Sie setzen sich Ziele, die sie weder über- noch unterfordern. So verschaffen sie sich Erfolgserlebnisse, die ihnen zu einem gesunden Selbstbewußtsein verhelfen. *Ausge-glichenheit*

26. bis 28.4. (5 bis 7 Grad Stier)

Wer in diesen Tagen geboren wurde, besitzt ein unerschütterliches Vertrauen der Welt und dem Leben gegenüber. Mancher mag die Betreffenden gar für naiv halten, weil sie einfach nicht bereit sind, sich durch Rückschläge entmutigen zu lassen. Doch das ist nur der Neid der Pessimisten. *Optimisten*

Ein solcher Stier wird so gut wie niemals in eine Lebenslage kommen, die er nicht meistern könnte, so schwer sie auch sein mag. Wenn Stieren mit diesen Geburtstagen etwas mißlingt, probieren sie es einfach so lange aufs neue, bis es klappt. Eine besondere Fähigkeit ist hier, die eigenen Grenzen erkennen zu können: Dinge, die einem nicht liegen oder die einen überfordern, werden gar nicht erst ins Auge gefaßt. So ist der Erfolg in allem, was sie beginnen, fast schon garantiert. Allerdings besteht oft auch eine gewisse Abneigung gegen Anstrengungen, zumindest solange sie nicht

Bequem-
lichkeit

unbedingt notwendig sind. Nur wenige Menschen mit dieser Konstellation lieben kräftezehrende Hobbys, dafür sind sie einfach zu bequem. Auch bei der Arbeit achten sie darauf, daß sie sich nicht überanstrengen, was ihnen allerdings längst nicht immer in dem Umfang gelingt, wie sie sich dies wünschen würden. Besser als die meisten anderen Menschen können sie sich blitzschnell auf neue Situationen einstellen. Spontane Entscheidungen und Unternehmungen lieben sie besonders.

All diese Umstände bewirken, daß sie in Ausbildung und Beruf in vielen Fällen ihre Chancen nicht völlig ausschöpfen, sondern sich mit weniger zufriedengeben, als möglich wäre. Dennoch verschafft ihnen das im Leben nur in den seltensten Fällen Nachteile. Sie lieben viel zu sehr die Abwechslung, als daß sie Freude an einer zehnjährigen Berufsausbildung mit anschließendem Praktikum finden könnten. So üben auch nur wenige ein Leben

Beruf

lang den gleichen Beruf aus. Wo dies der Fall ist, bietet er so viel Abwechslung und neue Herausforderungen, daß Langeweile kaum aufkommen kann.

Besonders sympathisch macht sie ihre instinktive Abneigung gegen alle Formen von Gewalt. Personen, die in diesen Tagen Geburtstag haben, gehören zu den friedlichsten Menschen. Lediglich wenn man sie oder ihre Lieben angreift, kann sie ein heiliger Zorn packen, wobei der Überraschungseffekt auf ihrer Seite ist: Das Gegenüber hätte ihnen eine solche Reaktion nie zugetraut und ist deshalb schon überrumpelt, bevor es die Situation überhaupt erfassen kann.

Vor allem Frauen, die an diesen Tagen geboren wurden, neigen überdurchschnittlich oft
zu Eisenmangel und Kreislaufstörungen, besonders zu niedrigem Blutdruck. Hier kann
ein mäßiges, aber regelmäßiges Kreislauftrai-
ning wie Schwimmen, Laufen oder Radfahren
wahre Wunder wirken.

Gesundheit

29.4 bis 1.5. (8 bis 10 Grad Stier)

Diejenigen, die an einem dieser Tage geboren
wurden, gehören zu den empfindsamsten Vertretern ihres Tierkreiszeichens. Es geschieht
kaum eine Regung in ihrer Umwelt, die ihnen
entgehen könnte. So wissen sie auch über das,
was in ihrem Partner vor sich geht, oft schneller und besser Bescheid als er selbst. So schön
es für diesen ist, mit jemandem zusammenzu-
sein, der ihn blind versteht und entsprechend
auf ihn eingehen kann, hat diese Konstellation
doch nicht nur Vorteile: Schließlich hat jeder
seine kleinen Geheimnisse, die er gern für sich
behalten möchte. Wer sich ständig durchschaut
fühlt, reagiert auch einmal mit deutlichem Un-
behagen oder wird sogar regelrecht wütend. Die
in diesen Tagen Geborenen fühlen sich dann
durch solche Reaktionen zu Recht verletzt und
gekränkt, schließlich können sie nichts für
ihren Spürsinn, und sie haben es doch nur gut
gemeint. So lernen diese Stiere früh, ihre Fähigkeiten, so gut es geht, vor anderen und schließlich sogar vor sich selbst zu verstecken.
   Viele Menschen mit dieser Konstellation unterschätzen sich und ihre Fähigkeiten. Häufig
ist hier die Ursache im Elternhaus zu suchen,
wo vielleicht zuwenig Nestwärme vorhanden

*Hohe Sensi-
bilität*

Selbstwert-
gefühl

war oder – was oft der Fall ist – zuviel Kritik geübt wurde. Das Resultat ist leider in vielen Fällen eine überkritische Einstellung sich selbst gegenüber: Niemals sind sie mit sich selbst und dem, was sie erreicht haben, zufrieden. In Freundschaften und Beziehungen ist es deshalb für sie besonders wichtig, daß man ihnen Anerkennung und emotionale Unterstützung entgegenbringt. Wenn sie spüren,

Beziehun-
gen

daß sie jemand wirklich mag und akzeptiert, kennt ihre Dankbarkeit kaum Grenzen, auch wenn sie sich dies selbst vielleicht nicht eingestehen können. Aus Angst, verletzt zu werden, fällt es ihnen oft schwer, anderen zu zeigen, was sie für sie empfinden. Ist jedoch erst einmal das Eis gebrochen, können sie ausgesprochen stürmisch und leidenschaftlich sein. Allerdings dauert es recht lange, bis sie einem anderen Menschen uneingeschränkt vertrauen; und der kleinste Mißklang kann dazu führen, daß sie sich wieder in ihr Schneckenhaus zurückziehen. Ihr Gefühlsleben gleicht manchmal einer Achterbahn, in der Niedergeschlagenheit unmittelbar in Begeisterung umschlägt und umgekehrt.

Sport

Sie lieben es, aktiv zu sein, sind meist sportlich und ehrgeizig. Solange ihnen ihre Stimmungen nicht in die Quere kommen, können sie in kurzer Zeit Außergewöhnliches leisten. Sogar harte Arbeit kann ihnen Spaß machen und Selbstbestätigung geben.

So vorsichtig sie auch normalerweise vorgehen, in wichtigen Lebenssituationen neigen sie zu vorschnellen Entscheidungen, dies gilt sowohl für den Beruf als auch für Partnerschaften. Hier kostet es sie oft viel Kraft und

Ausdauer, um einmal gemachte Fehler zu kor-
rigieren. Zum Glück haben sie von beidem
mehr als genug.

Viele Menschen mit dieser Konstellation besitzen unentdeckte künstlerische, ästhetische
und organisatorische Fähigkeiten, die sie fördern und entwickeln sollten. Auf diese Weise
können sie einen Ausgleich zu ihren alltägli-
chen Belastungen schaffen.

*Unentdeck-
te Fähig-
keiten*

2. bis 4.5. (11 bis 13 Grad Stier)

Menschen, die an einem dieser Tage geboren
wurden, sind die typischsten Vertreter ihres
Zeichens. Die meisten von ihnen sind regel-
rechte Glückskinder. Was sie anpacken, gelingt ihnen auch so gut wie immer. Die Schwierigkeiten in ihrem Leben scheinen nur dafür
dazusein, damit sie sich beweisen können, daß
es kaum etwas gibt, mit dem sie nicht fertig
werden. Diese Menschen brauchen regelrecht
große Herausforderungen, um sich selbst zu
bestätigen und an ihnen zu wachsen. Ein
Leben, das allzusehr in überschaubaren Bahnen verläuft, gibt ihnen nicht das Gefühl von
Sicherheit, sondern sie langweilen sich schlicht
zu Tode.

*Glücks-
kinder*

Mancher geht in solchen Situationen unnötige Risiken ein. Das können gefährliche
Sportarten, der Hang zum Glücksspiel oder
gar illegale Aktivitäten sein. Und das alles nur,
um sich ein wenig Nervenkitzel zu verschaffen. Wenn sie dann einige Jahre später zurück-
blicken und sich an ihre »Jugendsünden« erinnern (die durchaus nicht nur in der Jugend
begangen werden), erschrickt so mancher

*Risikobe-
reitschaft*

nachträglich und ist baß erstaunt, aus soviel sträflichem Unsinn mit heiler Haut davongekommen zu sein.

Viel einfacher sind diejenigen dran, die ihre überschießende Lebensenergie schon frühzeitig in konstruktive Bahnen lenken konnten. *Karriere* Menschen, die ihre berufliche Karriere auf der Überholspur machten, sind überdurchschnittlich häufig an diesen Tagen geboren. Ihre zahlreichen Erfolge sind niemals etwas, das sie auf Dauer befriedigen könnte, sondern lediglich Etappen auf einem Lebensweg, der kein endgültiges Ziel zu kennen scheint. Diese Stier-Geborenen müssen darauf achten, daß sie sich und ihre Angehörigen auch einmal ein wenig Muße gönnen. Denn was nützen Erfolg und Wohlstand schon, wenn man sich nicht die Zeit nimmt, diese auch einmal zu genießen?

In Beziehungen verlangen sie ihrem Partner ein hohes Maß an Toleranz ab. Das macht eine Lebensgemeinschaft oder eine Ehe nicht ein- *Partner-* facher. Nicht jeder ist dafür gemacht, mit *schaft* einem derartigen Energiebündel umgehen zu können. Wer es allerdings mit ihnen aushält, wird dafür mehr als reichlich belohnt: In puncto Großzügigkeit und Hilfsbereitschaft nimmt es so schnell keiner mit ihnen auf.

5. bis 7.5. (14 bis 16 Grad Stier)

Menschen, die an einem dieser Tage geboren wurden, haben Großes im Leben vor, und meist erreichen sie es auch. Freunde, Partner, Verwandte und Konkurrenten können keinen größeren Fehler begehen, als sie zu unterschätzen. Im Glücksfall werden jene angenehm überrascht ihre Meinung ändern, im schlimmsten Fall ihre Fehleinschätzung bitter bereuen. Viele dieser Stiere besitzen einen besonders ausgeprägten Geschäftssinn, und nichts macht ihnen mehr Freude als kaufen und verkaufen. Die größte Schwierigkeit bei ihren hochfliegenden Plänen ist die schmerzhafte, aber unvermeidliche Einsicht, daß man bei allen Dingen im Leben am Anfang beginnen muß. Dabei stecken sie voller Ideen, was sie alles machen werden, wenn sie erst einmal »oben« sind. Ihr Problem ist nicht, ihr Ziel aus den Augen zu verlieren – das haben sie ständig vor sich –, sondern die Mühe auf sich zu nehmen, all die kleinen, mühseligen Schritte dorthin zu unternehmen. Eigentlich fühlen sie sich ja zu Höherem berufen. Die größte Falle ist für sie daher, sich für die notwendigen Lehrjahre zu fein zu sein. Menschen, die diesen Fehler begehen, bleibt nichts als ihre große Vision – an eine Verwirklichung ist nicht mehr zu denken.

Geschäfts-sinn

Beeindruckend sind ihre Überzeugungskraft und ihr Charme. Diese Kombination macht sie für viele regelrecht unwiderstehlich, so daß es ihnen so gut wie immer gelingt, Mitstreiter für ihre Projekte zu gewinnen.

Überzeu-gungskraft

Im Umgang mit anderen sind sie großzügig und tolerant, solange niemand ihren Führungsanspruch in Frage stellt. Wer dies wagt, kann im Zweifel sein blaues Wunder erleben. Sobald jemand versucht, ihnen die Butter vom Brot zu nehmen, kämpfen sie wie die Löwen, und sie verlieren so gut wie nie.

Ihre oft außerordentlichen Fähigkeiten und ihre Wirkung auf andere können zu Überheb-

Selbst-
überschät-
zung

lichkeit und Selbstüberschätzung führen, eine der größten Gefahren dieser Konstellation. Dann werden Risiken eingegangen, die in Extremfällen in einer Katastrophe enden können. Deshalb sind für sie Freunde und Partner wichtig, die sie nicht nur hemmungslos bewundern, sondern ihnen mit konstruktiver Kritik helfen, »auf dem Teppich« zu bleiben.

Viele Menschen mit dieser Konstellation haben eine besondere Affinität zum Ausland. Sei es, daß sie so oft wie möglich in die Ferne reisen, sei es, daß sie berufliche Verbindungen zum Ausland haben oder Freunde oder der Partner aus einem anderen Kulturkreis stammen.

Gesundheit

Leber, Dickdarm und Zähne sind bei vielen Menschen, die in diesen Tagen geboren wurden, ein Schwachpunkt. Sie sollten deshalb zurückhaltend im Alkoholkonsum sein und auf eine gesunde Ernährung achten.

8. bis 10.5. (17 bis 19 Grad Stier)

Genießer

Wer an einem dieser Tage Geburtstag hat, ist meist eine echte Genießernatur. Die angenehmen Seiten des Lebens üben einen unwiderstehlichen Reiz auf diese Menschen aus. Und wenn sie ehrlich sind, geben sie auch gern zu, daß sie gar kein Bedürfnis danach haben, zu widerstehen. Allerdings sieht man vielen von ihnen ihre Vorliebe für gutes Essen und Trinken mit der Zeit auch an, ein Umstand, der sie nicht kaltläßt. Schließlich sind sie Ästheten, und sie wollen nicht nur schöne Dinge um sich herum haben, sie wollen auch selbst schön sein.

Ihre grundsätzliche Lebenseinstellung ist: leben und leben lassen. Die meisten von ihnen sind erstaunlich gutmütig, es liegt ihnen kaum *Gutmütig-* daran, in Wortgefechten zu obsiegen oder *keit* immer das letzte Wort zu behalten. Im Gegenteil: Sie sind beeinflußbar und immer bereit, sich von anderen inspirieren zu lassen. Wird ihre Gutmütigkeit allerdings allzu offensichtlich ausgenutzt, können sie zu Furien werden. Ehrgeiz plagt sie nur so lange, bis sie eine Lebenssituation geschaffen haben, in der sie sich behaglich einrichten können. Ab dann bedeuten ihnen Freizeit und das Zusammensein mit Freunden mehr als gesellschaftliche Anerkennung, Karriere oder gar Ruhm.

Oft besteht eine künstlerische Begabung. *Künstle-* Dies gilt vor allem für die Musik. Viele Kunst- *rische* und Musikkritiker besitzen diese Konstella- *Begabung* tion. Doch auch Feinschmecker und Weinkenner kommen besonders oft vor. Häufig können sie selbst hervorragend kochen. Manche werden aktive Künstler, sei es in der Musik, der Malerei, der bildenden Kunst, dem Theater oder dem Tanz. In solchen Fällen kommt es oft eher zufällig oder fast gegen ihren Willen zu einer Karriere: Wenn sie von einer Sache völlig begeistert sind, vergessen sie einfach ihren Hang zum bequemen Leben, und bei entsprechendem Talent stellt sich der Erfolg fast zwangsläufig ein.

11. bis 13.5. (20 bis 22 Grad Stier)

Für Stiere, die an einem dieser Tage geboren wurden, ist das Wort »Einsamkeit« scheinbar ein Fremdwort. Sie brauchen bloß vor die Tür zu gehen, und schon lernen sie jemanden kennen, oder sie treffen einen alten Bekannten. Es

Magische Ausstrahlung

scheint eine fast magische Ausstrahlung von ihnen auszugehen, so daß fast jeder, der mit ihnen in Berührung kommt, auch mit ihnen zu tun haben möchte.

Dieser Effekt ist viel zu intensiv, als daß er ihnen verborgen bleiben könnte. Schon früh in ihrem Leben lernen sie, mit ihrer besonderen Ausstrahlung umzugehen: Wer auf sie zugeht, erhält eine freundliche, aber völlig unverbindliche Reaktion. Je mehr jemand den Kontakt zu ihnen sucht, um so geschickter entziehen sie sich. Dabei werden sie sich hüten, jemanden vor den Kopf zu stoßen oder ihm zu sagen, daß sie an ihm nicht interessiert sind. Sie verstecken sich einfach immer mehr hinter ihrer äußeren Fassade. Damit werden sie natürlich mit der Zeit undurchschaubarer und geheimnisvoller und damit erst recht interessant und begehrenswert. Dieser Umstand öffnet ihnen alle Türen. Ob im Beruf oder im Privatleben, sie haben immer die richtigen Beziehungen, um das zu bekommen, was sie wollen.

Insgeheim leiden sie jedoch auch unter diesem Umstand. Schließlich wollen sie sich beweisen, daß sie aus sich heraus, allein und ohne fremde Hilfe ihr Leben meistern und ihre ehrgeizigen Ziele erreichen können. Doch wem die Tür geöffnet wird, der macht sich nur selten die Mühe, sie selbst zu schließen, um sie anschließend einrennen zu können. So leidet

Selbstwertgefühl

mancher heimlich unter Minderwertigkeitsgefühlen, da ihm jede echte Selbstbestätigung fehlt: Es sind immer die anderen, die ihm Anerkennung geben. Doch was nützt das, wenn man sich dabei im Grunde seines Herzens wie ein Falschspieler vorkommt?

So sehr sie vom Schicksal bevorzugt sind, so schwierig ist es auch, ihre Lebensaufgabe zu meistern: nämlich eine Persönlichkeit zu entwickeln, die sich Ziele setzt und erreicht, die nur allein bewältigt werden können. Nur so läßt sich die Angst vor Intimität und emotionaler Nähe überwinden, nur so kann echte Partnerschaftsfähigkeit erlernt werden.

Aufgaben

14. bis 16.5. (23 bis 25 Grad Stier)

Die an einem dieser Tage Geborenen haben oft ein sehr außergewöhnliches Kommunikationstalent. Die meisten von ihnen reden viel und gern. Da sie in der Tat auch etwas mitzuteilen haben und dabei unterhaltsam und amüsant sein können, hört man ihnen meist bereitwillig zu. Nicht immer und nicht allen gelingt es allerdings, das richtige Maß einzuhalten, so daß mancher übersieht, daß sein Gegenüber gelegentlich auch gern einmal etwas sagen würde ...

Kommunikation

Unter den Menschen mit dieser Konstellation finden sich häufig geborene Lehrer: Keiner kann so gut wie sie schwierige Zusammenhänge allgemeinverständlich erklären. Ihre Begeisterung für ein Thema ist dabei durchaus ansteckend, so daß ihre Schüler auch tatsächlich bei der Sache sind und nicht nur gelangweilt das Ende der Stunde abwarten.

Diejenigen unter ihnen, die nicht solche Kommunikationsathleten sind, haben häufig eine Vorliebe für das Schreiben, gleichgültig, ob es sich dabei um Briefe, das Tagebuch, Gedichte oder einen Roman handelt.

Besser als die meisten Menschen sind sie in der Lage, Gefühle auszudrücken und sich in das Seelenleben anderer hineinzuversetzen. So nimmt es nicht wunder, daß, wer immer in ihrer Umgebung Kummer hat, bei ihnen Verständnis und Trost sucht. Da sie stets bereit sind, anderen zu helfen, bleibt ihnen vielfach kaum noch genügend Raum für ihr Privatleben. Oft bedarf es deutlicher Worte des Partners oder enger Freunde, damit sie lernen, sich ausreichend abzugrenzen.

Hilfsbereitschaft

So gut wie alle Menschen mit dieser Konstellation besitzen eine außergewöhnliche geistige Beweglichkeit und eine hohe Intelligenz.

17. bis 19.5. (26 bis 28 Grad Stier)

Die Menschen, die an diesem Tag geboren wurden, zeichnen sich fast immer durch eine besondere Gradlinigkeit aus. Sie leben nicht in den Tag hinein, sondern verfolgen hochgesteckte und ehrgeizige Ziele. Dafür sind sie auch bereit, Opfer in Kauf zu nehmen. Es ist nicht ungewöhnlich, daß sie bereits als Kinder oder Jugendliche wissen, welchen Beruf sie einmal ergreifen wollen; und was sie sich einmal in den Kopf gesetzt haben, das erreichen sie auch. Meist sind sie zurückhaltend und ernsthaft, so daß sie mancher leicht unterschätzt. Wer jedoch einen zweiten Blick riskiert, merkt schnell, daß ihnen einfach nichts daran liegt, sich vorteilhaft in Szene zu setzen. Immer geht es ihnen um die Sache und nicht um die Show.

Gradlinigkeit

Sie sind besser in der Lage, Situationen sachlich zu beurteilen, als andere Menschen. Ungefragt werden sie ihre Ansichten nur selten mitteilen, aber es lohnt sich immer, sie danach zu fragen. Ihr ausgeprägter Gerechtig-

Gerechtigkeitssinn

keitssinn macht sie zu guten Anwälten – im wörtlichen und im übertragenen Sinne des Wortes. Wenn sie für eine gute Sache kämpfen, können sie eine unerwartete Begeisterungsfähigkeit und Überzeugungskraft entwickeln. In Verbindung mit ihrer Zähigkeit sind dies optimale Voraussetzungen, um ihren Interessen zum Durchbruch zu verhelfen.

Menschen, die in diesen Tagen geboren wurden, brauchen oft länger als andere, um persönliche oder berufliche Entscheidungen zu fällen, schließlich will alles bei ihnen genau überlegt sein. Auch in Beziehungen lassen sie sich Zeit, bevor sie sich endgültig binden. Oft sind sie hier ein wenig schüchtern oder sogar unsicher. Wenn sie jedoch einmal ihr Herz verschenkt haben, sind sie treue und verläßliche Partner.

Partner-schaft

20. bis 22.5. (29 Grad Stier bis 1 Grad Zwillinge)

Für Menschen mit dieser Konstellation gibt es nichts Schlimmeres als Stillstand und Stagnation. Immer müssen sie in Bewegung sein, sei dies nun geistig oder körperlich. Sie reisen gern und häufig und nehmen ständig Veränderungen an ihrer Wohnung vor. Viele von ihnen ziehen außergewöhnlich oft um.

In der Regel besteht eine überdurchschnittliche sprachliche Begabung. Es fällt ihnen leicht, sich schriftlich oder mündlich auszudrücken, und wer sie dumm anredet, muß mit einer »schlag«fertigen Antwort rechnen.

Sprachliche Begabung

Häufig haben sie ein besonderes Interesse an Sprachen und Literatur, das sie auch beruflich zu nutzen versuchen. Dies gilt ebenso für ihr Interesse an Reisen. Insbesondere in jungen Jahren übernehmen sie gern Tätigkeiten, bei denen sie »herumkommen«.

Geschäfts-sinn

Die Ortsgebundeneren unter ihnen besitzen neben ihrem Sprach- und Kommunikationstalent auch einen guten Geschäftssinn, so daß viele erfolgreich im Handel tätig sind. Bei allem, was sie tun, ist jedoch Abwechslung das wichtigste Element. Das gilt sowohl für den Beruf als auch für die Partnerschaft. So mancher hat lange Zeit mehr Freude an der Partnersuche als an einer festen Beziehung. Haben sie sich schließlich gebunden, sind zahlreiche gemeinsame Aktivitäten das A und O für eine

Partner-schaft

harmonische Verbindung. Für auf Dauer angelegte Lebensgemeinschaften ist dies sogar noch wichtiger als die erotische Anziehung. Ein allzu häusliches Gegenüber wird es mit ihnen schwer haben, da diese Stier-Geborenen viel zu unternehmungslustig sind, um die ganze Freizeit in den eigenen vier Wänden zu verbringen. Die Gefahr wäre groß, daß der häusliche Partner die meiste Zeit mit Warten verbringt. Konflikte und Entfremdung sind damit vorprogrammiert. Mögliche körperliche Schwachpunkte sind Bronchien und Gelenke.

Welcher Mond-Typ ist der Stier?

Jeder Mensch hat neben seinem Sonnen- auch ein Mondzeichen. Das Zeichen, in dem die Sonne steht, spiegelt unser Handeln wider, während das Mondzeichen Auskunft über unser Gefühlsleben gibt. Sie können also zum Beispiel ohne weiteres gleichzeitig Stier(-Sonne) und Krebs(-Mond) sein.

Gefühlsleben

Gerade wenn Sie einigen Aussagen zum typischen Stier gar nicht recht folgen können, sollten Sie einmal unter dem Mondzeichen des Betreffenden nachschauen. In vielen Fällen werden Sie hier die Erklärung finden, warum und in welcher Weise er sich von anderen Stieren unterscheidet.

Für eine individuelle Horoskopdeutung ist das Mondzeichen eigentlich noch wichtiger als das Sonnenzeichen. Der Grund, warum das Mondzeichen längst nicht so bekannt ist und dementsprechend auch nicht ausreichend gewürdigt wird, liegt wie gesagt einfach an einem technischen Problem: Während Sie Ihr Sonnenzeichen leicht über Ihr Geburtsdatum feststellen können, ist dies beim Mondzeichen nicht so einfach.

Individuelle Horoskopdeutung

Hier wurden bisher Spezialtabellen, sogenannte Ephemeriden, benötigt, oder man bediente sich eines Computerprogramms. Mit Hilfe der Tabelle im Anhang (»Die Bestimmung des Mondzeichens«) können Sie allerdings sehr leicht das persönliche Mondzeichen des Stiers feststellen.

Widdermond

Die Kombination von Sonne im Stier und Mond im Widder weist auf ein besonders impulsives Temperament hin, das mit der Fähigkeit verbunden ist, in fast allen wichtigen Lebenssituationen trotz heftiger seelischer Stürme überlegt zu handeln. Auf diese Weise werden viele Fehler vermieden, die sich ergeben würden, wenn die Betreffenden ihren spontanen Stimmungen nachgäben. Sofern sie allerdings einmal die Selbstbeherrschung verlieren, dann gründlich. Es gibt dann kaum noch eine Möglichkeit, sie zu stoppen. Im Affekt können da Dinge gesagt und getan werden, die man später lieber ungeschehen machen würde. Glücklicherweise kommen solche Situationen nur selten vor.

Wer unter dieser Zeichenkombination geboren wurde, weiß, daß er für sich und seine Handlungen selbst verantwortlich ist. Doch er weiß auch, daß er sich auf die Unterstützung von Freunden und Bekannten verlassen kann, wenn er sie wirklich benötigt. Umgekehrt kann auch seine Umgebung in schwierigen Situationen auf ihn zählen. Das macht den Umgang mit ihm in aller Regel angenehm – trotz aller Ecken und Kanten –, denn nichts ist ihm peinlicher, als anderen zur Last zu fallen. Nur selten werden Widdermond-Geborene andere für eigene Fehler verantwortlich machen, und so nehmen sie es auch gelassen hin, wenn Mitmenschen, die ihnen nicht allzu nahe stehen, über ihren Eigensinn gelegentlich den Kopf schütteln.

Schließlich ist es ihr Leben, und sie sind nicht auf der Welt, um es allen recht zu machen.

Die entwickelten Persönlichkeiten unter ihnen zeichnen sich durch besondere Hilfsbereitschaft aus, die sie niemals an die große Glocke hängen und für die sie auch keinen besonderen Dank erwarten. Gerade in schweren Krisen fällt es ihnen oft nicht leicht, Hilfe anzunehmen. Sie haben an sich den Anspruch, mit allen Problemen des Lebens aus eigener Kraft fertig zu werden, und sind deshalb oft zu stolz, andere um Rat oder gar um finanzielle Unterstützung zu bitten.

Hilfsbereitschaft

Kein Mensch kann ohne andere bestehen. Manche Widdermond-Geborene begehen den Fehler, sich immer und ausschließlich auf sich selbst zu verlassen, und übersehen dabei, daß sie keines ihrer Ziele ohne die Unterstützung und Mithilfe anderer erreichen können. In Extremfällen kann hier aus Unabhängigkeit sogar Ignoranz werden. Sie können keinen Rat akzeptieren, auch dann nicht, wenn er von wohlmeinender und berufener Stelle kommt.

Ignoranz

In den meisten Fällen führen private und berufliche Krisen schließlich zu der Einsicht, daß ein Weiterkommen nur möglich ist, wenn das Wissen und Können anderer in das eigene Leben mit einbezogen wird. Gerade bei außergewöhnlichen Persönlichkeiten kann es aber passieren, daß sie sich so lange ausschließlich auf sich selbst verlassen, bis sie sich in eine derart aussichtslose Lage manövriert haben, daß eine sinnvolle Lösung kaum noch möglich ist.

Die größte Herausforderung für Widdermond-Geborene ist ohne Zweifel das Erler-

Partner-
schaft

nen echter Begegnungsfähigkeit. Partnerschaft, Freundschaft und Familie können nicht mit dem gleichen Mißtrauen und der gleichen Konkurrenzorientierung angegangen werden wie das übrige Leben. Hier gilt es, echte Offenheit und Vertrauen zu erlernen. Nur das Bemühen um diese Fähigkeiten schafft die Möglichkeit für ein zufriedenes und ausgeglichenes Leben.

Aufgaben

Für diese Menschen ist es eine echte Lernaufgabe, zu begreifen, daß es kein Zeichen der Schwäche ist, zuzugeben, wenn man einmal mit seinem Latein am Ende ist, im Gegenteil. Unbewußt haben sie Angst, aus ihrem Freundes- und Bekanntenkreis ausgeschlossen zu werden, wenn man ihnen anmerkt, daß sie Hilfe benötigen. Diese Sorge ist unbegründet. Die Menschen, die sie selbst immer wieder unterstützt haben, werden sich freuen, wenn sie sich revanchieren können.

Stiermond

Wenn sowohl die Sonne als auch der Mond im Zeichen des Stiers stehen, betont dies natürlich die Qualität des Tierkreiszeichens ungemein. Diese Menschen sind also in vielfacher Hinsicht besonders typische Vertreter ihres Zeichens. Bei Stieren mit dieser Konstellation kommen unüberlegte und impulsive Handlungen kaum vor. Bevor sie handeln, untersuchen sie die Dinge auf ihren praktischen Nutzen, ist ein solcher nicht erkennbar, werden sie erst gar nicht aktiv.

Verstär-
kung

Stiere haben im allgemeinen ein gutes Verhältnis zum Geld, diese jedoch besonders. Wann immer es möglich ist, werden sie darauf achten, daß sie mehr einnehmen, als sie ausgeben. Deshalb gelingt es ihnen auch, sich in guten Zeiten nennenswerte Ersparnisse zurückzulegen. Bei manchen Stier-Geborenen mag die Sparsamkeit sogar krankhafte Züge annehmen. Allerdings gibt es hier auch wie immer, wenn Sonne und Mond im gleichen Zeichen stehen, den Gegentyp. Bei diesem besteht häufig eine Tendenz zu riskanten Spekulationen und windigen Geschäften, die angeblich über Nacht riesige Gewinne bringen sollen. Solche Aktionen können sehr viel Lehrgeld kosten oder den Betreffenden gar um sein gesamtes Vermögen bringen.

Geld

Den meisten Menschen mit dieser Konstellation gelingt es jedoch, eine gemäßigte Einstellung zu ihren Finanzen und ihrer materiellen Absicherung zu entwickeln.

Wenn sie haben, was sie wollen, tun sie jedoch alles, um es nicht wieder zu verlieren. Im Gegenteil: Einmal erlangte Vorteile gilt es zu erhalten und zu mehren. Wenn Sie einen Stier kennen sollten, der Großverdiener ist und nach wie vor in einer kleinen Zweizimmerwohnung lebt, ein 20 Jahre altes Auto fährt und Anzüge trägt, die bereits in seiner Jugendzeit aus der Mode waren, dann wird sein Mond höchstwahrscheinlich auch im Stier stehen. Lediglich beim Steinbockmond sind ähnlich sparsame Tendenzen möglich.

Die Praxis hat gezeigt, daß viele erfolgreiche Immobilienmakler diese Konstellation besitzen. Das gilt für alle Berufe, die mit dem Ver-

Beruf

walten oder dem An- und Verkauf von Grundbesitz zu tun haben.

Wissen, das nicht konkret anwendbar ist, interessiert Stiermond-Geborene nur in den seltensten Fällen. Umgekehrt sind sie in der Lage, auch scheinbar völlig verkopfte Theorien oder Einstellungen in die Praxis umzusetzen.

Viele besitzen ein auffällig gutes Gedächtnis, das scheinbar jeden Eindruck, jeden Gedankengang archiviert und allzeit zum Abruf bereithält.

Freunde und Familie

Ihr Engagement für ihre Freunde, für Familie und Bekannte ist in vielen Fällen beeindruckend. Gerade für sozial Schwache und Gestrauchelte setzen sie sich ein, ohne dabei Rücksicht auf die öffentliche Meinung zu nehmen. Wenn es um Menschen und Menschlichkeit geht, interessieren sie Ideologien und Dogmen überhaupt nicht mehr. Ganz instinktiv ist ihnen der Unterschied zwischen persönlichen Ansichten und praktischen Notwendigkeiten bewußt. Inhumanes Verhalten oder sklavisches Festhalten an bürokratischen Vorschriften kommen bei ihnen nur in den seltensten Fällen vor.

Sinnlichkeit

Keine andere Mond-Konstellation weist soviel angeborene Sinnlichkeit und Genußfähigkeit auf wie diese. Essen, Trinken, geselliges Beisammensein und nicht zuletzt die Sexualität können außerordentlich intensiv genossen werden. Aus dieser lebensfrohen Einstellung zieht man die Kraft, um selbst mit den schwierigen Situationen des Lebens zurechtzukommen.

Wenn auch nicht in allen Fällen, so besitzen doch viele Stiermond-Geborene einen umwerfenden Humor, der meist bodenständig bis derb ist. Zumindest aber ist ein gewisser »Mutterwitz« vorhanden, der es ihnen leichtmacht, Spannungssituationen die Spitze zu nehmen. *Humor*

Der größte denkbare Hemmschuh für eine weitergehende Persönlichkeitsentwicklung ist der Hang zum Opportunismus. Das eigene Fähnchen wird immer nach dem Wind ausgerichtet, der den größten Geldsegen verspricht, ohne sich dabei von moralischen oder ethischen Problemen allzusehr irritieren zu lassen. Als Konsequenz verlieren alle Dinge im Leben ihren persönlichen Wert, und auch der größte materielle Erfolg kann nicht mehr befriedigen.

Stiermond-Geborene sind wahrhafte Überlebenskünstler, deren Bodenständigkeit sie auch mit den schwierigsten Krisen im Leben zurechtkommen läßt. Eines jedoch gelingt ihnen nur unter größten Anstrengungen: freiwillig Opfer zu bringen, auf etwas zu verzichten, finanzielle Einbußen in Kauf zu nehmen. Hier muß gelernt werden, daß auch geistige Werte kostbar sind, und zwar in vielen Fällen weitaus mehr als die materiellen. Erst wenn wir uns moralische, ethische oder religiöse Prinzipien zu eigen gemacht haben, nach denen wir unser Leben ausrichten, kann materieller Wohlstand wirklich angemessen geschätzt werden. *Überlebenskünstler*

Wer mit dem Mond in dem Tierkreiszeichen Stier geboren wurde, muß lernen, daß es in diesem Leben keine endgültige Sicherheit und keine absolute Gewißheit gibt. Nur so können Existenzängste überwunden und Lebensfreude und Genußfähigkeit voll entwickelt werden. *Aufgaben*

Zwillingsmond

Es gibt keine besseren Verhandlungspartner. Wenn Sie jemanden brauchen, der Ihnen hilft, einen anderen von einer Sache zu überzeugen, suchen Sie sich jemanden mit dieser Konstellation. Er kann glaubhafter Positionen vertreten, von denen er im Grunde nicht die geringste Ahnung hat, als mancher Experte.

Mitteilungs- bedürfnis

Nichts macht Menschen mit dieser Konstellation glücklicher, als wenn sie sich anderen mitteilen können, sei es mündlich oder schriftlich. Da sie mehr Gedanken zu vermitteln haben, als ein normales Gegenüber verkraften kann, schafft hier nur ein großer Freundeskreis oder ein passender Beruf Abhilfe. So nimmt es nicht wunder, daß viele mit dieser Konstellation erfolgreich und gern einer Lehrtätigkeit nachgehen.

Sport

Zwillingsmond-Geborene, die nicht zum Typus des Kommunikationsathleten gehören, verfügen oft über eine außerordentliche sportliche Begabung. Für diese Menschen ist regelmäßiges Training häufig die Voraussetzung für ihr seelisches und körperliches Gleichgewicht, da für ihre überschießende seelische und physische Energie auf diese Weise ein Ausgleich geschaffen wird. Die Praxis hat gezeigt, daß diese Konstellation oft in Verbindung mit Allergien, insbesondere im Atemwegsbereich, in Verbindung steht, die auf diese Weise bis hin zur Beschwerdefreiheit gemildert werden können.

Die Mehrzahl der Zwillingsmond-Geborenen ist zwar eher wenig künstlerisch veranlagt, verfügt dafür aber über um so größere rhetorische und auch analytische Fähigkeiten. Nicht wenige von ihnen sind berufene Naturwissenschaftler. Vor allem bei Themen, die sie nicht unmittelbar persönlich betreffen, können sie außergewöhnlich unvoreingenommen das Für und Wider unterschiedlicher Standpunkte abwägen. Das macht sie zu beliebten Diskussionspartnern, aber auch zu ausgezeichneten Schlichtern in Auseinandersetzungen. Die Gabe, in Wort und Schrift allgemeinverständlich und überzeugend sein zu können, wird von ihnen häufig als so selbstverständlich erlebt, daß dies – völlig zu Unrecht – oft überhaupt nicht mehr als persönlicher Vorzug empfunden wird.

Analytische Fähigkeiten

Menschen mit Zwillingsmond erfreuen sich in der Regel einer besonderen Beliebtheit in ihrer sozialen Umwelt. Sie haben häufig bis ins hohe Alter hinein eine jugendliche Ausstrahlung und überraschen ihre Umgebung durch spontane Einfälle und Vorschläge. Sie lieben die Beweglichkeit, sei es im geistigen oder im körperlichen Bereich. Begeisterungsfähigkeit und Spontaneität gehören zu ihren sympathischsten Eigenschaften, die man bei ihnen keinesfalls unterdrücken darf, da sie sonst mit Krankheit und Depression reagieren.

Umwelt

Viele Zwillingsmond-Geborene laufen Gefahr, ihr gesamtes Leben auf der Überholspur zu verbringen. Da bleibt kaum Zeit, sich mit jemandem oder etwas wirklich intensiver zu beschäftigen. Auch Fingerspitzengefühl und Rücksichtnahme müssen zurückstehen, wenn es um die Sache geht. Wer nicht gelernt hat, sich genügend Zeit für Freunde und Partner zu

nehmen, riskiert, oberflächlich und gefühls-
kalt zu werden.

Aufgaben

Die größte Herausforderung für Zwillingsmond-Geborene ist das Erlernen der Fähigkeit,
aus ihrer immensen Vielseitigkeit echte Toleranz zu entwickeln. Es erfordert wahrhaft
Größe, andere Ansichten als die eigenen wirklich gelten zu lassen und nicht nur gönnerhaft
zu ertragen. Partnerschaft, Freundschaft und
Familie sollten nicht mit »wissenschaftlichem«
Verstand angegangen werden. Hier sind Weit-
sicht, Muße und Offenheit notwendig. Die
Auseinandersetzung mit religiösen und welt-
anschaulichen Themen kann hier außerordentlich nützlich sein. Denn nur wer in
seinem Leben einen tieferen Sinn erkennt,
vermag auch wirklich »zu-frieden« zu sein.

Krebsmond

*Gutmütig-
keit*

Neben den Fischemond-Geborenen sind dies
die gutmütigsten Vertreter ihres Tierkreiszeichens. Solange Sie die Gefühle des Krebs-
monds nicht verletzen und er im Gegenzug die
Ihrigen nachvollziehen kann (und es gibt nur
wenig, wofür ein Krebsmond nicht Verständnis aufbringen könnte), wird er sich noch
nicht einmal wehren, wenn Sie ihm die Haare
vom Kopf fressen. Die größte Dummheit, die
Sie begehen können, ist, ihn deshalb für einen
naiven Trottel zu halten. Sie müssen überhaupt nichts tun, es reicht völlig aus, wenn Sie
so etwas denken: Der Krebsmond wird es merken. Und die Folgen sind furchtbar. Ehe Sie

sich versehen, hat er Sie an allen Ihren wunden Punkten gleichzeitig getroffen, an allen, die Sie schon kannten und sorgsam zu verstecken suchten, und noch an einigen mehr, von denen Sie bis jetzt noch gar nicht wußten, daß es wunde Punkte sind. Der Krebsmond ist der Gefühlsseismograph unter den Tierkreiszeichen, keine seelische Regung in seiner Umgebung entgeht ihm, und er merkt sie sich alle. Solange Sie seine Gefühle nicht verletzen, haben Sie, wie gesagt, den gutmütigsten Menschen der Welt vor sich, anderenfalls nimmt er Ihr Selbstwertgefühl auseinander wie ein Metzger ein Stück Fleisch.

Hohe Sensibilität

Allzusehr sollten Sie sich durch diese Darlegungen nicht erschrecken lassen, denn Krebsmond-Geborene sind nicht nachtragend. Sobald Sie Ihren Fehler eingesehen haben, sind sie die ersten, die bereit sind, das Ganze zu vergessen.

Wenn Sie einen solchen Menschen von etwas überzeugen oder zu einer Sache überreden wollen, werden Sie mit den üblichen Argumenten eher wenig ausrichten. Falls er sich nicht gerade in großen finanziellen Schwierigkeiten befindet, wird Geld allein ihn kaum umstimmen können. Auch Prestige, sozialer Status oder Abenteuerlust sind für ihn nur selten bestimmende Motive. Wenn Sie jedoch glaubhaft machen können, daß andere ohne die Hilfe und Unterstützung des Krebsmondes aufgeschmissen wären, wird ihm ein »Nein« ausgesprochen schwerfallen. Sein soziales Gewissen ist viel zu ausgeprägt, als daß er leichten Herzens andere in der Patsche sitzenlassen könnte. Aber denken Sie unbedingt

Innere Unabhängigkeit

daran: Wenn Sie mit den Gefühlen eines Krebsmondes spielen, geht der Schuß fast immer nach hinten los!

Häuslich-keit

Menschen mit dieser Konstellation sind häuslich: Die Geborgenheit in der Familie und der Schutz in den eigenen vier Wänden liegen ihnen ganz besonders am Herzen. Unter ihnen finden sich die besten Köche, die es überhaupt gibt. So sind sie denn auch bereit, alle Vorschläge genau zu prüfen und zu überdenken, die ihrer Familie nutzen können oder ihre Wohnsituation entscheidend verbessern.

Umwelt

Krebsmond-Geborene sind in ihrer persönlichen und beruflichen Umgebung aufgrund ihres Einfühlungsvermögens oft außerordentlich beliebt, ohne daß sie darum viel Aufhebens machen würden. Im Gegenteil: Meist ist ihnen gar nicht bewußt, wie gut sie bei anderen ankommen. Mehr als andere Stiere neigen sie zu Selbstzweifeln, die sie jedoch in der Regel konstruktiv nutzen, um sich selbst immer wieder zu besonderen Leistungen zu motivieren. Mit Durchschnittlichkeit und Mittelmaß werden sie sich – bei sich selbst – niemals zufriedengeben. Sie neigen dazu, von sich selbst mehr zu verlangen als von anderen.

Arbeit

In dieser Hinsicht sind sie auch die idealen Vorgesetzten. Sie werden kaum zu denjenigen gehören, die während der Arbeitszeit Golf spielen gehen, während sie von ihren Mitarbeitern höchstes Engagement fordern. Typischer für sie ist, daß sie morgens als erste die Firma betreten, um sie abends als letzte zu verlassen. Das hat natürlich für die Mitarbeiter Vorbildfunktion und spornt sehr viel mehr an als etwa eine drohende Entlassung oder Ge-

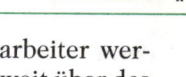

haltskürzung. Aber auch als Mitarbeiter werden sie ihr Bestes geben und sich weit über das verlangte Maß für ihre Tätigkeit engagieren, wenn man ihnen die Möglichkeit gibt, sich mit ihrer Aufgabe, ihren Kollegen und dem Konzept des Betriebs zu identifizieren.

Niemand kann bei außergewöhnlicher Begabung auch so beliebt und populär sein wie ein Krebsmond-Geborener. Bei allen anderen Konstellationen ist Anerkennung mit Neid und »Volkstümlichkeit« mit einem Mangel an Niveau verknüpft. Daß dies hier anders ist, hängt vielleicht damit zusammen, daß jeder ihnen anmerkt, wie hart sie für ihren Erfolg gearbeitet haben und wie ehrlich sie sich über ihn freuen können.

Beliebtheit

Boris Becker etwa löste mit seinem ersten Wimbledon-Sieg eine derartige Begeisterung aus, daß Tennis völlig unerwartet zum Volkssport wurde. Thomas Mann schuf mit den *Buddenbrooks* ein Stück Weltliteratur, als er gerade mal Anfang 20 war. Claude Debussy ist neben Ravel der bedeutsamste impressionistische Komponist. Eine ähnliche Vorreiterrolle, wie sie Debussy in der klassischen Musik spielte, nahm Jimi Hendrix in der Popmusik ein. Niemals zuvor spielte jemand die elektrische Gitarre in einem solchen Maße als eigenständiges Instrument. Bei entsprechendem Entwicklungsniveau sind beim Krebsmond also außergewöhnlicher Ehrgeiz und sehr oft auch künstlerische Begabung vorhanden. Erfolg und Popularität sind das Ergebnis besonderer Anstrengungen und immenser Kreativität.

Prominente Beispiele

Jede Fähigkeit ist auch eine Bürde: Wer über viel Phantasie und Kreativität verfügt, wird

Aufgaben Schwierigkeiten haben, sich für langfristige Ziele zu entscheiden. Es fällt schwer, konsequent bei einer Sache zu bleiben, wenn wir ständig neue und interessante Ideen haben. In psychologischer Hinsicht sind Selbstdisziplin und schöpferische Begabung Gegensätze. Doch nur wer lernt, sich aus der Vielzahl seiner Wünsche und Möglichkeiten auf einige wesentliche Themen zu beschränken, kann Außergewöhnliches leisten. Nahezu alle erfolgreichen Krebsmond-Geborenen haben schon frühzeitig auf ein einziges Ziel hingearbeitet.

Löwemond

Besondere Fähigkeiten Diese Konstellation hat viele Vorzüge, die die darunter Geborenen mit besonderen Fähigkeiten ausstatten. Sie lernen schneller und leichter als andere. Häufig besitzen sie auch eine besondere Sprachbegabung und fast immer kaufmännisches Talent. Niemand kann so gut wie sie in einer Gruppe von Menschen unterschiedlichster Herkunft und verschiedenen Temperaments eine angenehme Atmosphäre schaffen. Es gibt kaum bessere Gastgeber als sie. Selbst der formellsten Veranstaltung können sie noch eine persönliche und menschliche Note geben. Das wissen sie selbst besser als alle anderen, und genau das ist ihr Problem: Unabhängig davon, wieviel Lob und Anerkennung man ihnen entgegenbringt, sie fühlen sich mißverstanden und unterbewertet. Zu Recht wollen sie für ihr Können und ihre Leistungen anerkannt und respektiert und nicht nur einfach »nett« gefunden werden. Hier können manchmal sogar Primadonnenallüren auftreten, womit sie in ihrer Umgebung auf Unverständnis stoßen.

Im Bereich der Gefühle reagieren sie immer heftig und intensiv, das gilt natürlich auch, wenn sie sich enttäuscht und verletzt fühlen, obwohl sie im Normalfall viel zu stolz sind, sich eine Kränkung anmerken zu lassen. In der Regel ist es dann Aufgabe des Partners, das angeschlagene Selbstwertgefühl wieder aufzubauen.

Gefühlsleben

Dabei handelt es sich hier um ausgesprochen begeisterungsfähige Persönlichkeiten, die lediglich eine Aufgabe benötigen, für die sie sich mit all ihrer Kraft einsetzen können. Werden sie entsprechend gefordert, legt sich auch ihr Hang zur Unzufriedenheit, und sie sind zu außerordentlichen Leistungen fähig. Fast wie die Luft zum Atmen brauchen sie Herausforderungen, die sie zwingen, über sich selbst hinauszuwachsen. Ist dies der Fall, braucht man sich über ihr irritierbares Selbstwertgefühl keine Sorgen mehr zu machen, schließlich stellen sie sich jetzt selbst ständig ihre Fähigkeiten unter Beweis und können die Ignoranz ihrer Umgebung entsprechend gelassener nehmen.

Herausforderungen

Die meisten Menschen mit dieser Konstellation sind ausgesprochen warmherzig und spendabel. Das führt allerdings oft zu peinlichen Mißverständnissen, da ihre grundsätzliche Freundlichkeit von ihrem Gegenüber wesentlich persönlicher genommen wird, als sie gemeint ist. Das heißt nichts anderes, als daß viele schnell dem Irrglauben erliegen, daß der

Umwelt Löwemond ein mehr als nur freundschaftliches Interesse an ihnen hat. So wiegt sich mancher in der falschen Sicherheit, das Herz eines Sonne-Stier-Mond-Löwe-Menschen für sich gewonnen zu haben, während dieser möglicherweise Probleme damit hat, sich auch nur an ihn zu erinnern. Glücklicherweise lernen die meisten im Laufe der Jahre ihre Wirkung auf ihre Umgebung angemessener einzuschätzen, so daß derartige, für beide Seiten peinlichen Mißverständnisse seltener werden.

Was sie sich allerdings nur in den seltensten Fällen abgewöhnen können, ist die Neigung, ihre Umgebung, insbesondere natürlich Menschen, die ihnen am Herzen liegen, von den Dingen überzeugen zu wollen, die sie für sich selbst als hilfreich und nützlich erkannt haben. Dabei ist es unerheblich, ob es sich um eine neue Nachtcreme, eine bestimmte Gesundheitskur oder eine spezielle Musik-CD handelt. Von dieser Neigung lassen sie auch nicht durch die recht häufige und natürlich enttäuschende Erfahrung ab, daß die meisten Menschen ihre persönlichen Vorlieben nur sehr bedingt teilen.

Lebens- Löwemond-Persönlichkeiten zeichnen sich
hunger durch einen besonderen Lebenshunger aus, dem sie nachgehen, wann immer sich eine Gelegenheit dazu bietet. Es gibt kaum etwas Menschliches, das ihnen fremd ist, und falls doch, streben sie nach einer Möglichkeit, es so schnell wie möglich auszuprobieren.

Charisma Keine andere Mond-Konstellation bietet die Chance zu einem so ausgeprägten Charisma wie diese. Insbesondere Damen mit dem Mond im Löwen können eine Anziehungskraft auf das andere Geschlecht ausüben, die einer vernünftigen Erklärung nicht mehr zugänglich ist. Allen ist das Bedürfnis gemeinsam, von ihrem Umfeld anerkannt und respektiert zu werden, auch gegen ein wenig Bewunderung haben sie selten etwas einzuwenden. Kein anderes Tierkreiszeichen besitzt soviel natürliche Autorität wie dieses, und entwickelte Persönlichkeiten werden diesem Anspruch auch gerecht. Solange man sie nicht in Frage stellt, setzen sie sich mit allen ihnen zur Verfügung stehenden Mitteln für ihre Mitmenschen ein. Dies gilt besonders für Kinder.

Wenn sie es sich leisten können, sind Menschen mit einem Löwemond die großzügigsten Gastgeber und freigebigsten Gönner, die man sich nur vorstellen kann.

Die größte Gefahr für Löwemond-Geborene ist ohne Zweifel ihre Eitelkeit und ihre Selbstbezogenheit. Im ungünstigsten Fall werden sie zu einem sich in Selbstliebe verzehrenden Narziß, der keinerlei emotionale Beziehungen zu seinen Mitmenschen pflegen kann. Aus Großzügigkeit wird Neid und Geiz, aus überschäumender Lebensfreude Verbitterung, aus Risikobereitschaft Selbstzerstörung. Kaum jemand kann und will sein ganzes Leben lang ausschließlich im Mittelpunkt stehen. So groß die Strahlkraft des einzelnen auch sein mag, es kommt doch der Tag, an dem andere den Platz einnehmen, den man für den eigenen hielt. So fällt es Löwemond-Geborenen besonders schwer, mit dem Nachlassen von Kräften und Fähigkeiten im allgemeinen und dem Alter im besonderen zurechtzukommen. Das Tierkreiszeichen, das Vitalität, Lebendigkeit und

Eitelkeit

Alter

Lebensfreude schlechthin repräsentiert, bringt keine Menschen hervor, die sich mit dem Schwinden ihrer Energie so ohne weiteres abfinden können.

Aufgaben

Es ist eine triviale, aber schmerzhafte Erkenntnis, daß wir alle einmal Jüngeren und Besseren Platz machen müssen. So ist es für Löwemond-Persönlichkeiten eine besondere Herausforderung, intensiv in der Gegenwart zu leben und gleichzeitig in Würde zu altern. Hier kann eine innere Reife entstehen, die ein noch größeres Feuer ausstrahlt, als es die Kraft der Jugend vermag.

Jungfraumond

Phantasie

Wenn Sie einen Stier-Menschen kennenlernen, der Sie durch eine auffallend schlagfertige Reaktion auf eine besonders ungewöhnliche Situation beeindruckt und Ihnen anschließend erklärt, das Ganze wäre weiter keine Kunst, schließlich hätte er sich schon vor langer Zeit überlegt, wie er in einer solchen Lage reagieren würde, dann kann es sich nur um einen mit Jungfraumond handeln (anderenfalls steht der Mond im sechsten Haus). Diese Menschen besitzen eine unbegrenzte kreative Phantasie, was die Bewältigung aller möglichen und unmöglichen Herausforderungen des Lebens angeht, und sie verfügen über ein hervorragendes Gedächtnis. Planspiele sind denn auch ihre große Leidenschaft, unabhängig davon, ob sie Monopoly spielen, alte Schlachten im Sandkasten nachstellen oder sich vor dem Einschlafen überlegen, wie sie ihren Chef endgültig von der längst überfälligen Gehaltserhöhung überzeugen können.

Manche Menschen haben jede Menge Ideen, wie sich die Probleme des Alltags besser bewältigen ließen. Andere wiederum verfügen über praktischen Verstand und Handlungsenergie. Sonne-Stier-Mond-Jungfrau-Menschen besitzen beides. Ihr großer Vorteil ist dabei, daß sie ihre Möglichkeiten immer realistisch einschätzen. *Realisten* Sie neigen weder zu Größenwahn noch zu falscher Bescheidenheit. Und sie werden niemals versuchen, etwas durchzusetzen, von dem sie nicht zutiefst überzeugt sind, daß es einer guten Sache dient oder ihnen einfach zusteht. Viele hervorragende Händler und Spitzenverkäufer besitzen diese Konstellation. Die einzige Bedingung für ihren Erfolg ist, daß sie selbst von der Qualität des Produkts überzeugt sein müssen.

Fast jeder kennt den beliebten Verkaufstrick, wenn ein Kunde unschlüssig ist. Der Verkäufer meint einfach: »Das Gerät ist das beste, ich habe es selbst zu Hause.« Die meisten Käufer lassen sich auf diese Weise überzeugen, unabhängig davon, ob der Verkäufer die Wahrheit gesagt hat oder nicht. Wenn *Wahrheits-* Ihnen ein Jungfraumond-Geborener so etwas *liebe* sagt, können Sie sicher sein: Es ist die Wahrheit. Und er wird Ihnen nicht nur auseinandersetzen, daß er dieses Gerät hat, sondern Ihnen aus dem Effeff sämtliche Vorteile gegenüber den Konkurrenzprodukten auflisten können. Wenn Sie seiner Empfehlung folgen, wird er sich innerlich für Sie freuen, wenn Sie den Laden verlassen, und sich nicht etwa ins

Fäustchen lachen, wie geschickt er mal wieder einen naiven Kunden übers Ohr gehauen hat. Menschen mit dieser Konstellation sind also »ehrliche Makler«, und wer einmal auf ihren Rat gehört hat und gut damit gefahren ist, wird sich gern bei der nächsten Gelegenheit wieder an sie wenden.

Berufe Neben der häufig vorhandenen kaufmännischen Begabung kommen auch schriftstellerisches Talent sowie die Eignung für technische Berufe vor. Eine Reihe exzellenter Ingenieure und Architekten besitzen diese Konstellation.

In Partnerschaften sind sie treu und zuverlässig, solange sie das Gefühl haben, sich auf ihr Gegenüber blind verlassen zu können. Allerdings ist ihr Sinn für das Praktische der Romantik nicht eben förderlich. Man sollte nicht *Partner-* den Fehler begehen und jedes gemeinsame *schaft* Ausgehen als »Investition in die Beziehung« betrachten und Partner im Idealfall als »das beste Geschäft« ansehen, das man je gemacht hat. Kein Mensch mag es, wenn er wie eine Sache betrachtet wird, auch nicht, wenn es sich dabei um eine ausgesprochen gute Sache handelt.

Entwickelte Jungfraumond-Persönlichkeiten verfügen über eine außerordentliche emotionale Beweglichkeit und Reaktionsfähigkeit. Besonders Begabte sind hier zum Schriftsteller oder Schauspieler berufen, da niemand über eine genauere Beobachtungsgabe verfügt als sie. Die meisten Jungfraumond-Geborenen können Entwicklungen voraussehen und auf sie reagieren, bevor andere diese auch nur erahnen. Es gibt nicht viele, denen es gelingt, ihnen etwas vorzumachen. Keine andere Tierkreiszeichenposition des Mondes repräsentiert einen solch untrüglichen Sinn für das Machbare. Diese Persönlichkeiten verstehen es, aus jeder Situation das Beste herauszuholen. In Sachfragen, insbesondere natürlich in ihrem Spezialgebiet, sind sie oft so kompetent, daß ihre Meinung und ihr Rat auch von Gegnern ernstgenommen und respektiert werden. Was ihnen möglicherweise an Kreativität fehlt, machen sie durch Effektivität mehr als wett.

Jungfraumond-Geborene besitzen die natürliche Fähigkeit, vorgegebene Situationen so gut wie möglich zu nutzen. Dabei besteht die Gefahr, sich mit unzumutbaren Umweltbedingungen zu arrangieren, ohne den Versuch zu unternehmen, diese zu verändern. Wer in einem Haus ohne Heizung lebt, sollte vielleicht nicht nur Yogaübungen machen, die ihn die Kälte leichter ertragen lassen, sondern sich einen Ofen besorgen oder einfach umziehen. Anpassungskünstler übersehen manchmal, daß es Umstände gibt, mit denen man sich besser nicht arrangieren sollte. *Anpassungsfähigkeit*

Die größte Herausforderung für Jungfraumond-Geborene ist das Erlernen der Fähigkeit, ein wenig offenherziger und verschwenderischer in ihrem Gefühlsausdruck zu werden. Allzuviel Sachlichkeit und praktischer Verstand machen auch Freundschaften und das Liebesleben zu einer eher trockenen Angelegenheit. Erst wenn wir gelernt haben, unseren Mitmenschen intensiv zu zeigen, was wir für sie empfinden, ist ein wirklich erfülltes Leben möglich. *Herausforderung*

Waagemond

Normalerweise kommen Stiere auch ganz gut allein zurecht. Nicht so, wenn ihr Mond in der Waage steht. So gern, wie sie sich ihre Eigenständigkeit beweisen, so sehr sind sie doch von der Zustimmung anderer, insbesondere der des Partners, abhängig. Wer einen solchen Menschen fertigmachen will, muß ihn in seinem tiefverwurzelten Bedürfnis nach einer harmonischen und ästhetischen Umgebung frustrieren, und er wird völlig aus dem seelischen Gleichgewicht geraten. Die meisten Menschen mit dieser Konstellation sind hochsensibel, und manchmal reicht es schon aus, sie beispielsweise wochenlang in einem nicht richtig eingerichteten Büro sitzen zu lassen, um sie ernsthaft in Schwierigkeiten zu bringen.

Abhängig-keit

Da sie jedoch über außergewöhnlich viel Fingerspitzengefühl verfügen und auf andere Menschen offen und noch charmanter und diplomatischer als »normale« Stiere zugehen, kommen sie nur selten in eine Situation, in der ihnen jemand ernsthaft Schwierigkeiten bereiten möchte. Im Gegenteil: Wann immer es um Fragen des guten Geschmacks geht, hört man gern ihren Rat und richtet sich danach.

Viele Menschen mit dieser Konstellation sind im weitesten Sinne des Wortes in künstlerischen Berufen tätig. Ob es sich dabei nun um die Tätigkeit eines Friseurs, einer Kosmetikerin, eines Modeschöpfers, einer Innenarchitektin oder eines Designers handelt, in all

Berufe

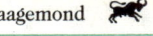

diesen Berufen spiegelt sich sowohl das Bedürfnis als auch die Fähigkeit wider, den Menschen und seine Umgebung schöner und ansprechender zu gestalten.

Kein Stier ist in seiner Handlungsfähigkeit so von einer geeigneten Partnerschaft abhängig wie dieser. Wenn ein ansonsten pünktlicher Mensch mit blassem Gesicht zu spät zur Arbeit erscheint, wenn ein sonst freundlicher und aufmerksamer Mitarbeiter mit einem Mal mürrisch und in sich gekehrt ist: bei einem Waagemond können Sie darauf wetten, daß Liebeskummer und Partnerschaftsprobleme dahinterstecken. *Partner-schaft*

Insgesamt sind diese Menschen stimmungsabhängiger als andere Stiere, doch macht sie das eher sympathischer, als daß daraus ernsthafte Probleme entstünden.

Waagemond-Menschen sind die »Beziehungsathleten« im Horoskop. Keine andere Mond-Konstellation ermöglicht eine solch ausgeprägte Fähigkeit, sich mit anderen auseinander- und zusammenzusetzen, wie diese. Es gibt kaum etwas in der persönlichen Umgebung, das einem Waagemond-Geborenen entgehen könnte. Sobald eine Sache oder ein Umstand mit ihm und seiner Lebenssituation auch nur im entferntesten zu tun haben könnte, interessiert er sich dafür, auch unabhängig davon, wie fremd oder ungewohnt dies sein mag. Eine Klientin mit dieser Konstellation lernte zum Beispiel Türkisch, um sich mit ihrer neuen Nachbarin besser verständigen zu können. *Umwelt*

Das außerordentliche Harmoniebedürfnis gibt Stieren unter dem Waagemond den Antrieb und die Fähigkeit, allem, was sie umgibt, insbesondere aber natürlich dem Partner, gerecht werden zu können. Sie wünschen sich

Harmonie aufrichtig, andere zu verstehen, so wie sie auch selbst angenommen und verstanden werden möchten. Es ist nicht einfach, mit einem entwickelten Waagemond-Geborenen Streit zu bekommen, da er in der Regel viel zu sehr versuchen wird, Verständnis für den Standpunkt des anderen aufzubringen.

Die größte Gefahr liegt darin, daß diese Menschen ihre Fähigkeit, andere zu manipulieren, vervollkommnen, während die eigene Persönlichkeitsentwicklung auf der Strecke bleibt. Insbesondere Frauen können schnell dauerhaft Opfer ihrer erlernten Hilflosigkeit werden, zumal dies in unserer Gesellschaft ja

Mani- pulation auch noch unterstützt und gefördert wird. So gilt beispielsweise eine Frau, die selbständig einen Reifen wechseln kann, für viele immer noch als unweiblich.

Waagemond-Geborene müssen lernen, ihre Wünsche auch unabhängig von anderen auszuleben. Es fällt ihnen schwer, aufrichtig stolz auf ihre persönlichen Leistungen und Fähigkeiten zu sein, da sie dazu neigen, sich allzusehr über das Urteil anderer zu definieren. Echte Individualität kann nur erworben werden, wenn sie auch konfliktfähig sind, also einem Streit oder einer Auseinandersetzung nicht um jeden Preis aus dem Weg gehen. Sie

Aufgaben müssen lernen, Standpunkte zu vertreten, die von anderen nicht geteilt oder sogar bekämpft werden. Für den Waagemond ist es hilfreich, zu wissen, daß die Menschen, die ihm etwas bedeuten, ihn nicht verlassen werden, wenn

er deutlicher zu einer eigenständigen Persönlichkeit wird, sondern sich diese eher noch
mehr an ihn binden. Wer gelernt hat, zu sich
selbst zu stehen und sich von der Zustimmung
anderer soweit wie möglich unabhängig zu
machen, wirkt auf seine Mitmenschen wie ein
Magnet auf Eisenfeilspäne.

Skorpionmond

Wer mit dieser Konstellation geboren wurde,
mußte meist schon frühzeitig lernen, daß in
diesem Leben nur das wirklich zählt, was man
sich selbst unter Anstrengungen und Schwierigkeiten erarbeitet hat. Dabei ist es unerheblich, ob dieser Mensch vordergründig betrach- *Existen-*
tet eine sogenannte leichte oder schwere *tielle Erfah-*
Kindheit hatte. In jedem Fall wurde er schon *rungen*
zu einem sehr frühen Zeitpunkt mit den letzten Dingen, insbesondere dem Tod, konfron-
tiert. Auch wenn die meisten diese Erfahrung
bald so verdrängt haben, daß jede bewußte Er-
innerung daran fehlt, so macht sie sie doch
ernsthafter und nachdenklicher als andere.
Gerade in der Kindheit werden sie von ihren
Kameraden deshalb kaum verstanden, sie gelten oft als altklug, grüblerisch oder »miese-
petrig«. Im Erwachsenenalter legt sich diese
Tendenz etwas, doch was bleibt, ist eine instinktive Abneigung gegen alles Oberflächliche. Billige Vergnügungen sind ihnen ein
Greuel, lieber lesen sie ein gutes Buch oder
stürzen sich in ihre Arbeit. Das heißt nicht,
daß sie etwas gegen Amüsement oder Unter-

haltung hätten, nur legen sie hier eben ein wenig andere Maßstäbe an als die meisten Zeitgenossen.

Es ist nicht leicht, ihr Vertrauen zu gewinnen, denn einmal erlittene Verletzungen vergessen sie nie. Selbst wenn sie sich an das konkrete Ereignis nicht erinnern können, die daraus entstandene Verletzung prägt ihr Empfinden und ihr Gefühlsleben. So tun sie sich *Freund-* in Freundschaften und Partnerschaften am *schaft* Anfang ein wenig schwer. Dabei können sie durchaus auf andere zugehen und die Initiative ergreifen, aber sie bleiben vorsichtig und versuchen sich gegen jede Enttäuschung zu schützen. Wer jedoch einmal ihr Vertrauen gewonnen hat, kann mit uneingeschränkter Loyalität rechnen. Haben sie sich schließlich auf jemanden eingelassen, würden sie sich im Sinne des Wortes für diesen Menschen totschlagen lassen, falls es notwendig sein sollte. Keinesfalls verlangen sie das gleiche Engagement von ihren Freunden und Partnern, wissen sie doch, daß diese vielleicht den guten Willen, aber nicht notwendigerweise die Charakterstärke für ein solches Ausmaß an Konsequenz besitzen.

Wenn sie sich jedoch verraten fühlen, zögern sie nicht, Menschen, die ihnen gestern noch sehr nahestanden, von heute auf morgen aus ihrem Leben zu werfen. Sie sind nicht für halbe Sachen zu haben – schon gar nicht in Gefühlsdingen.

Partner- So sind sie etwa bereit, sich für ihre Partner-
schaft schaften bis an den Rand der Selbstaufgabe einzusetzen und in Krisen nichts unversucht zu lassen, um ihre Beziehung zu retten. Sobald sie

jedoch erkennen, daß sie verraten wurden oder daß man ihr Vertrauen mißbraucht hat, können sie den anderen fallenlassen wie eine heiße Kartoffel. Vielleicht bricht es ihnen das Herz – denn ihre Härte im äußeren Umgang sagt nichts darüber aus, was in ihrem Inneren vor sich geht –, doch werden sie lieber vor Kummer eingehen, als bei einem Menschen zu Kreuze zu kriechen, der ihre Gefühle verraten hat.

Konsequenz

Es gibt kaum eine Tierkreiszeichen-Verbindung, die über so viel Willensstärke und Konsequenz verfügt wie diese. Was sie sich einmal vorgenommen hat, führt sie auch gegen größte Widerstände durch. Auffällig ist allerdings ihr empfindsames Reagieren auf die Mondphasen. Das gilt insbesondere für den Vollmond, aber auch für Neumond. In diesen Tagen sollten sie nach Möglichkeit Alkohol meiden und keine besonders schwierigen oder riskanten Dinge unternehmen.

Prominente Vertreter

Die unerreichten Stärken der Skorpionmond-Geborenen sind Leidenschaft und Ausdauer. An allem, an das sie sich emotional gebunden haben, halten sie auch unerbittlich fest. Dies gilt für ihr Liebesleben wie auch für Hobbys oder berufliche Ziele. An Ausdauer und Ehrgeiz sind sie nur noch mit den Steinbockmond-Geborenen vergleichbar. Doch gehen sie bei der Verwirklichung eines Ideals im Extremfall bis hin zur Selbstzerstörung. Franz Beckenbauer, Charlie Chaplin, Liz Taylor oder Henry Miller haben bei allen Unterschieden doch die unbeirrbare Konsequenz gemeinsam, mit der sie sich aus einfachsten Verhältnissen bis an die absolute Weltspitze emporgearbeitet haben.

Außerdem verfügen sie sehr oft über ein ausgezeichnetes Gedächtnis, und die Lernfähigkeit bleibt bei aktiven Persönlichkeiten das ganze Leben erhalten. Sie vergessen ihre Gefühle niemals, vor allem nicht, wenn ihnen jemand einmal aus einer Notlage geholfen hat. Derjenige kann sicher sein, daß der Skorpionmond-Geborene keine Gelegenheit auslassen wird, um sich angemessen zu revanchieren.

Wenn nötig, läßt sie ihre außergewöhnliche Empfindungsfähigkeit lediglich das zur Kenntnis nehmen, was sie auch wahrnehmen wollen. So können schwierige Zeiten besser überstanden werden. Unerfreuliches wird dann einfach ausgeblendet, als ob es nicht existierte.

Sie lassen sich weder auf Aufgaben noch auf Menschen allzu schnell und intensiv ein. Haben sie jedoch einmal wirklich Feuer gefangen, sind sie zu einer Leidenschaftlichkeit fähig, die keinerlei Kompromisse zuläßt.

Gefühle

Entwickelte Menschen mit dieser Konstellation verfügen oft über eine außerordentliche Gefühlstiefe, die sie in eine individuelle Symbolsprache übersetzen. Auf diese Weise erklärt sich auch ihr phänomenales Gedächtnis. Sie müssen sich nur daran erinnern, wie sie sich in einer bestimmten Situation gefühlt haben, schon fallen ihnen auch alle anderen Begleitumstände ein. Ihre Überzeugungen und Ideale strahlen sie mit einer Intensität aus, daß schwächere Naturen aufpassen müssen, um sich nicht an ihr zu verbrennen. Ohne dogmatisch zu sein, sind sie doch in allen Gefühlsdingen klar und eindeutig. So weiß man immer, woran man bei ihnen ist.

Ideale

Die Fähigkeit zur Eindeutigkeit ist sicherlich ausgesprochen beneidenswert. Leider birgt sie auch die Gefahr, einseitig zu werden und stur an den eigenen Fehlern festzuhalten. Nichts ist gefährlicher für Skorpionmond-Geborene als Intoleranz und Selbstgerechtigkeit.

Schützemond

Das sind die Visionäre unter den Stier-Geborenen, und sie weigern sich standhaft, auch nur einen Gedanken daran zu verschwenden, daß es Probleme ohne eine Lösung geben könnte. *Visionäre*

Zwar fehlt ihnen die Liebe zum Detail, doch dafür fällt es ihnen um so leichter, große Zusammenhänge zu erkennen, für die den anderen einfach der Blick fehlt. Selbst schwierigste Erfahrungen in der Vergangenheit können sie nicht davon abbringen, unerschütterlich an eine bessere Zukunft zu glauben, und sie tun im Rahmen ihrer Möglichkeiten alles, damit diese auch eintritt.

Häufig haben sie ein ausgeprägtes Interesse an philosophischen und religiösen Themen, solange sie einen praktischen Nutzen darin erkennen können, der sich im täglichen Leben auch umsetzen läßt. Rein theoretische oder abstrakte Überlegungen hingegen empfinden sie als nutzlos.

Viele Menschen mit dieser Konstellation lieben Fernreisen oder haben sogar beruflich mit dem Ausland zu tun. Durch ihre gerade für *Ausland* den Stier ein wenig ungewöhnliche Toleranz haben sie keinerlei Probleme, mit Menschen unterschiedlichster Kulturkreise zurechtzukommen, solange ihr Gegenüber im Gegenzug bereit ist, sie ebenfalls so zu akzeptieren, wie sie nun einmal sind.

Bedingt durch ihre außerordentliche Begeisterungsfähigkeit, neigen sie dazu, manchmal sich selbst und ihre Möglichkeiten zu über-

Selbst-überschät-zung

schätzen. Sie vergessen dann einfach, daß der Tag nur 24 Stunden hat und sie unmöglich all die Versprechungen einlösen können, die sie in ihrer Begeisterung und voll des besten Willens gegeben haben. So wirken sie oft auf andere für eine Weile faszinierend, während sie am Ende dann als Aufschneider dastehen, auf deren Wort kein Verlaß ist. Derartige Erfahrungen kränken sie tief – trotz ihrer positiven Weltsicht –, schließlich haben sie es wirklich nur gut gemeint und wollten doch nur helfen. Die größte Herausforderung ist für sie deshalb, sich mit den Begrenzungen der Alltagswirklichkeit abzufinden. Dies fällt ihnen um so schwerer, als sie voller Begeisterung von einer besseren Welt träumen, von der sie in ihren optimistischsten Momenten genau zu wissen glauben, wie sie innerhalb kürzester Zeit herbeizuführen sei. Der größte Fehler, den man begehen kann, ist, sie als weltfremde Träumer abzutun. Denn wenn jemand die Kraft hat, eine gute, noch nie dagewesene Idee in die Tat umzusetzen, dann sie.

Um in einem Bereich wirklich den Durchbruch zu schaffen, brauchen sie jedoch die Un-

Freunde

terstützung ihres Freundes- und Bekanntenkreises. Nur wenn sie wissen, daß andere an sie glauben, sind sie auch in der Lage, Außergewöhnliches zu leisten, sei es im Beruf oder in irgendeinem anderen Lebensbereich. Fehlt ihnen die Unterstützung durch den Partner und die soziale Umwelt, kann ihre Begeisterung und ihre optimistische Weltsicht von einem Moment zum nächsten in tiefe Depressionen umschlagen.

Ihre Gefühle sind immer groß, sei es nun Freude oder Verzweiflung, mit Halbheiten geben sie sich nicht ab – und bei ihren Emotionen schon gar nicht.

Doch so schnell, wie sie in das tiefe Loch völliger Niedergeschlagenheit fallen können, so unvermittelt krabbeln sie auch wieder heraus, ohne daß man ihnen auch nur eine Blessur anmerken würde. Schließlich zählt für sie die Vergangenheit (fast) nichts und die Zukunft alles.

Menschen mit einem sparsameren Seelenleben fühlen sich durch den Schützemond oft emotional überfordert – sie sind diesem Ausmaß schnell wechselnder intensivster Emotionen und Ideen einfach nicht gewachsen und fühlen sich manchmal regelrecht erschlagen. Das macht auch für Partner und Lebensgefährten den Umgang mit dem Schützemond gelegentlich ein wenig schwierig. Aber dessen Lebensmut ist ansteckend. Denn es ist faszinierend, wie er sich diesem Leben trotz all seiner Schwierigkeiten mit soviel Begeisterung stellt.

Emotionen

Steinbockmond

Stiere machen sich etwas aus gesellschaftlichen Konventionen, diejenigen mit einem Steinbockmond noch mehr. Ihnen ist öffent-

Konventionen

liche Anerkennung und Karriere außerordentlich wichtig. So ergeben sich Ehrgeiz und Zielstrebigkeit fast schon zwangsläufig. Langfristige Planung ist für sie selbstverständlich, und sie können geduldig warten, bis ihre Zeit gekommen ist. Viele Menschen mit dieser Konstellation nehmen langjährige Ausbildungen und umfangreiche Schulungen in Kauf, um einmal den gesellschaftlichen Status zu erreichen, den sie anstreben.

Auffällig häufig ist hier ein Interesse an gesellschaftlichen, politischen und sozialen Fragen vorhanden, so daß oft auch ein Beruf aus diesem Bereich gewählt wird. So haben zum Beispiel viele besonders fähige Juristen und Sozialarbeiter diese Konstellation.

Sparsamkeit   Sie sind die mit Abstand sparsamsten Vertreter ihres Zeichens. Verschwendung, gleich in welcher Form, ist ihnen ein Greuel. Lieber drehen sie jeden Pfennig dreimal um, bevor sie ihr Geld für unnötige Anschaffungen ausgeben. Ihre Mitmenschen werden unter ihrem besonders sorgfältigen Umgang mit den Finanzen jedoch nur in den seltensten Fällen zu leiden haben. Im Gegenteil: Fast immer besitzen sie einige Rücklagen, und sie sind stets bereit, einem Freund, der in wirtschaftlichen Schwierigkeiten steckt, auszuhelfen.

Eine ihrer herausragenden Eigenschaften ist ihr außergewöhnlicher Gerechtigkeitssinn. *Fairneß*   Von Fairneß halten sie sehr viel – so viel, daß sie auch bereit sind, für deren Durchsetzung persönliche Nachteile in Kauf zu nehmen. Einen Mangel an Konsequenz oder besonderen Egoismus wird ihnen deshalb kaum jemand vorwerfen können.

Nach außen wirken sie wie stabile, unkomplizierte und geradlinige Persönlichkeiten. Ihre oft vorhandene Unsicherheit in Gefühlsdingen merkt man ihnen schwerlich an.

Schließlich sind sie fast immer ordentlich, zuverlässig und systematisch. Das wird von ihrer Umgebung automatisch mit Selbstsicherheit gleichgesetzt. Außenstehende sind davon überzeugt, daß sie ihr Leben fest im Griff haben und immer genau wissen, wo es langgeht.

Ihr Leben ist so gut wie immer von einem geregelten Tagesablauf geprägt. Dabei scheinen sie alles Zufällige und Unkalkulierbare aus *Ordnung* ihrem Umfeld verbannen zu wollen. Unordnung und die Unwägbarkeiten des Lebens machen ihnen manchmal regelrecht angst. Aus diesem Grund halten sie hin und wieder auch an Entscheidungen fest, die mittlerweile längst ihre Grundlage verloren haben. Überspitzt formuliert, gleichen sie in solchen Situationen Menschen, die im strömenden Regen in den Garten gehen, um die Blumen zu gießen, weil sie sich das am Morgen vorgenommen haben ...

Die herausragendste und einmalige Fähigkeit der Steinbockmond-Geborenen ist ihre unmittelbare seelische Ankopplung an gesellschaftliche Phänomene und Prozesse. So wird beispielsweise ein Boutiquebesitzer instinktiv *Trend-* wissen, welche Mode die Menschen im näch- *gespür* sten Sommer kaufen wollen, und sich entsprechend einrichten. Ein Buchhändler wird die kommenden Bestseller bereits vor ihrem Durchbruch auf Lager haben – und so weiter.

Das persönliche Empfinden ist einfach sehr stark angekoppelt an das, was gesellschaftliche Norm ist oder bald sein wird. Auch der NS-

Prominente Vertreter

Propagandaminister Goebbels hatte diese Konstellation. Auf der anderen Seite setzte Papst Johannes XXIII. Maßstäbe, was die Aussöhnung der Menschen im allgemeinen und die der christlichen Kirchen im besonderen anging. Der ehemalige Schauspieler Karlheinz Böhm leistet Vorbildliches und Bewundernswertes mit seiner Aktion »Menschen für Menschen« gegen Hunger und Armut in Äthiopien. Hemingway und Fassbinder schufen in ihrem jeweiligen Œuvre Zeitporträts von ungeschönter Präzision. Niemand karikierte meines Erachtens das deutsche und vor allem das bayrische Spießertum treffender als Karl Valentin, während für mich der Maler Max Ernst in seinem Genre den genauesten Spiegel des Zeitgeists unseres Jahrhunderts schuf. Diese sehr unterschiedlichen Beispiele wurden bewußt nebeneinandergesetzt: Allen gemeinsam ist die enge Verknüpfung mit gesellschaftlichen Prozessen. Niveau und Verwicklungsbereich sind selbstverständlich sehr unterschiedlich.

Ausdauer

Neben den Skorpionmond-Geborenen sind sie sicherlich die Menschen mit der größten Konsequenz und Ausdauer in der Verfolgung ihrer Ziele. Sie konzentrieren sich ausschließlich auf das Wesentliche und lassen sich durch nichts und niemanden von ihren Vorsätzen abbringen.

Da sie in ihrem Gefühlsleben ja gleichzeitig »auf der Welle der Zeit« schwimmen, wird es allerdings nicht allzu häufig vorkommen, daß ihnen ernsthaft Steine in den Weg gelegt werden. Selbst eine Marianne Bachmeier kam ja mit einer verblüffend milden Strafe davon, nicht zuletzt wohl deshalb, weil sich der größte Teil der Nation mit ihrem Verhalten identifizieren konnte.

Drei Bereiche, die eng miteinander zusammenhängen, können die persönliche Entwicklung der Steinbock-Geborenen blockieren: die *Blockaden* Angst vor Gefühlen und emotionaler Geborgenheit, die Hemmung, sich Konflikten und unschönen Auseinandersetzungen zu stellen, und die genau aus diesem Grund vorhandene Neigung, allzu intensiven persönlichen Beziehungen aus dem Weg zu gehen.

Die großen Dinge des Lebens sind für sie kein Problem, die kleinen aber schon. So kann einer ein Firmenimperium aufbauen, ohne jemals gelernt zu haben, Mitarbeiter angemessen zu kritisieren und umgekehrt auf deren Kritik einzugehen. Ein anderer mag ein herausragender Wissenschaftler sein, ohne die Zeit zu finden, eine Familie zu gründen. Alles, was mit echten persönlichen zwischenmenschlichen Beziehungen zu tun hat, ist für sie die größte Herausforderung überhaupt. Sich auf Menschen einzulassen, ohne daß es klare Spielregeln und Bedienungsanweisungen gibt, verunsichert die Steinbockmond-Geborenen mehr als alles andere – und es verschafft ihnen die größte Befriedigung, wenn es ihnen doch gelingt, über ihren Schatten zu springen.

Wassermannmond

Stier-Geborene sind nicht unbedingt die größten Individualisten, diejenigen, die den Mond im Wassermann stehen haben, aber schon. So lassen diese ausgeprägten Persönlichkeiten niemanden kalt – entweder man liebt und bewundert sie, oder aber man hält sie für verschrobene Exzentriker.

In der Tat ist der Umgang mit ihnen nicht immer leicht: Dinge, die sie gestern noch völlig begeistert haben, können ihnen heute völlig gleichgültig sein. Doch sehr sprunghafte Stimmungswechsel und Einstellungsänderungen sind ihre Stärke und nur selten eine Schwäche. Denn immer sind sie auf der Suche nach dem Neuen, Außergewöhnlichen und Originellen. Alltägliches gibt es schließlich schon genug, und sie sind nicht auf dieser Welt, um sich mit Trivialitäten abzugeben. So haben denn auch viele Künstler – und Lebenskünstler – diese Konstellation. Da sie in hohem Maße von ihren Stimmungen abhängig sind und aus diesen auch ihre besondere Kreativität beziehen, können sich nur wenige an einen geregelten Tagesablauf gewöhnen. Das macht ihnen die Arbeit in einem normalen Beruf natürlich nicht leicht, und wann immer möglich, werden sie sich eine Tätigkeit wählen, die ihnen größtmöglichen Freiraum in der Gestaltung ihrer Arbeitszeit läßt. So wichtig ihnen ihr persönlicher Freiraum auch ist, liegt den höherentwickelten Persönlichkeiten doch viel daran, sich diesen nicht auf Kosten anderer zu verschaffen. Sie möchten nicht nur einfach ihr »eigenes Ding« machen, sie sind auch fast immer bestrebt, mit ihren originellen Fähigkeiten die Welt oder doch zumindest ihre persönliche Umgebung ein wenig menschlicher, bunter und phantasievoller zu machen.

Sprunghaftigkeit

Beruf

Oft besitzen Menschen mit einem Wassermannmond ein ausgesprochen komisches Ta- *Komik*
lent, das ihr Publikum auf unterhaltsame Weise
zum Nachdenken anregt. Sie verfügen über die
natürliche Gabe, sich über eine Situation zu
stellen, Angriffe und Kritik an sich abperlen zu
lassen und so zu tun, als ob jemand ganz anderer gemeint wäre. In den meisten Fällen reicht
das schon, um den Gegner ins Leere laufen zu
lassen.

Wer unter dieser Konstellation geboren
wurde, für den ist nicht das Außergewöhnliche, sondern der Alltag eine echte Herausfor- *Aufgaben*
derung – zum Beispiel Rechnungen pünktlich
zu bezahlen oder den Garten in Ordnung zu
halten.

Fischemond

Wenn Sie einen Stier kennen, aus dem Sie
auch nach langer Zeit und trotz ernsthaften
Bemühens einfach nicht schlau werden, ist
die Wahrscheinlichkeit hoch, daß sein Mond
in den Fischen steht. Das ist auch weiter kein
Wunder, schließlich ist es nicht leicht, einen
Menschen zu verstehen, der ein verträumter
Romantiker und Schöngeist und dabei gleichzeitig ein eher konservativer Pragmatiker ist.

Die Stärke der Fischemond-Geborenen ist,
daß sie – darin sind sie den Schützemond-Ge-
borenen ähnlich – für so ziemlich alles und
jeden Verständnis aufbringen können, aller- *Verständnis*
dings ohne daß sie deshalb immer automatisch
damit einverstanden wären. Da sie gleichzeitig

auch gute Zuhörer sind, fühlt sich ihr Gegenüber verstanden und kann selbst Kritik akzeptieren, ohne sich verletzt zu fühlen.

Ihre größte Schwierigkeit im Umgang mit
sich selbst ist hingegen, daß sie im Leben
immer wieder Phasen durchlaufen, in denen
sie beim besten Willen nicht wissen, was sie
wollen – das aber mit aller Macht. In solchen
Perioden sind sie ruhelos, grüblerisch und mit
sich und der Welt zutiefst unzufrieden. Wann
immer es möglich ist, sollten sie in solchen
Zeiten eine kreative Pause einlegen und sich
an einen Ort zurückziehen, wo sie ungestört
ihren Gedanken nachhängen können. Je mehr
es ihnen gelingt, abzuschalten und sich von
dem Zwang, immer etwas tun zu müssen, zu
befreien, um so schneller werden sie ihre innere Klarheit zurückgewinnen. Voller neuer
Ideen und mit frischem Elan kehren sie dann
wieder in die Alltagswelt zurück.

Sensibilität

Überhaupt besitzen diese Menschen eine
ganz außerordentliche Sensibilität in Verbindung mit einem scheinbar unerschöpflichen
seelischen Energiereservoir. Mehr als andere
neigen sie deshalb auch dazu, sich bis zur völ-
ligen Erschöpfung zu verausgaben. Schon allein aus diesem Grund sind regelmäßige Er-
holungsphasen und Rückzugsmöglichkeiten
dringend notwendig.

Werte

Höherentwickelten Persönlichkeiten ist –
trotz der durchaus häufig vorhandenen Hei-
matliebe – jede Form von Stammtischpatrio-
tismus fremd. Kulturelle und soziale Unter-
schiede sind ihnen nicht so wichtig, auch
wenn sie die damit verbundenen Probleme im
praktischen Leben durchaus sehen. Für sie

persönlich zählt jedoch ausschließlich der Charakter eines Menschen und nicht seine Herkunft oder sein Bildungsgrad.

Zu Menschen, die ihnen nicht liegen, suchen sie eine höfliche Distanz, aus der jeder ungestört seine eigenen Wege gehen kann. Offenem Streit oder aggressiven Auseinandersetzungen stellen sie sich nur, wenn sich dies überhaupt nicht vermeiden läßt. Das bedeutet mitnichten, daß sie feige wären, doch in der Regel sind sie einfach davon überzeugt, daß es produktivere Möglichkeiten gibt, Meinungsverschiedenheiten auszutragen, als sich zu bekämpfen.

Neben der außergewöhnlichen Phantasie und der so gut wie immer vorhandenen künstlerischen Begabung besitzen sie auch eine starke Intuition. Kaum jemand versteht es *Intuition* besser, zur richtigen Zeit am richtigen Ort zu sein, als sie.

Die größte Schwierigkeit mit dieser Konstellation mag die Einsicht sein, daß kein anderer Sinn im Leben existiert außer dem, den wir ihm selbst geben. Da es für sie keine verbindlichen Vorgaben gibt, an denen sie sich orientieren und festhalten könnten, müssen sie lernen, sich selbst die Welt zu »erschaffen«, in der sie leben wollen und können. Der Fischemond bietet die größte Chance zur Freiheit, aber er stellt auch die größte Herausforderung aller Mondzeichen dar.

Was kommt auf den Stier zu?

Welcher Tag wofür geeignet ist

Ein wichtiger Bereich der Astrologie ist die
Prognose, also die »Vorhersage« zukünftiger
Ereignisse. Viele Astrologen machen keine Pro-
gnosen mehr, weil sie meinen, damit seriöser
zu wirken und bei ihren Gegnern eher anerkannt zu werden. Ich habe allerdings den Ver-
dacht, daß die meisten vor Zukunftsdeutungen *Prognose*
zurückschrecken, weil sie es einfach nicht
können. So versucht also mancher, aus der Not
eine Tugend zu machen. Nützen tut dies niemandem. Kein Astrologiegegner läßt sich be-
kehren, weil manche Astrologen keine Progno-
sen mehr machen. Und wer die Dienste eines
Astrologen beansprucht, möchte im allgemeinen doch etwas über seine Zukunft erfahren.
Auch Meister der Astrologie geben zu, daß
nicht jede Vorhersage exakt eintrifft. Das ist
aber weder schlimm noch ein auf die Astrologie begrenztes Phänomen: Die Leistungen der
modernen Meteorologie sind unbestritten, und
dennoch kann es immer wieder passieren, daß
man beispielsweise im Auto sitzt und den Wet-
terbericht hört, dem zufolge es besonders
schön sein soll, während man die Scheibenwi-
scher laufen läßt, weil es draußen in Strömen
schüttet. Und es gibt viele Menschen, die gesund und munter sind, obwohl ihnen ein Arzt
vor Jahren nur noch wenige Wochen Lebenser-
wartung prophezeit hat.

Astrologen sind keine Wahrsager, und un-
fehlbar sind sie schon gar nicht. Diese Eigen-

schaften teilen sie mit den meisten anderen Menschen. Trotzdem ist die Bestimmung der Chancen und Risiken zukünftiger Ereignisse sinnvoll und nützlich. So mancher liebeskranke Jüngling würde viel darum geben, wenn er den Tag wüßte, an dem die Aussichten, bei seiner Angebeteten Gehör zu finden, am größten sind. Sicherlich würde er auch hinnehmen, daß er sich eventuell noch ein Weilchen gedulden muß. Um so mehr, wenn ihm bewußt ist, daß übereiltes Handeln alles verpatzen könnte oder seine Herzdame gar in die Arme eines anderen treibt.

Bestim-mung der Chancen

Genau das kann die Astrologie leisten: zu bestimmen, wann Ihre Chancen, erfolgreich zu sein, besonders gut sind und wann man von etwas besser die Finger läßt. Dies ist sogar so einfach, daß man kein Experte sein muß, um günstige und kritische Tage zu bestimmen. Und so geht's:

Als erstes benötigen wir den Geburtstag des Menschen, für den wir die Prognose machen wollen. Nehmen wir als Beispieldatum den 10.4., das Geburtsjahr spielt keine Rolle.

6 Monate nach dem Geburtstag finden Sie den Begegnungszeitraum. Das ist in unserem Beispiel der 10.10. plus/minus 5 Tage, also vom 5. bis zum 15.10. Dies ist die günstigste Zeit im Jahr, um jemanden kennenzulernen, sich mit anderen auszusöhnen oder einfach etwas mit den Menschen zu unternehmen, die einem am meisten bedeuten. Je mehr Sie sich in diesen Tagen auf andere statt auf sich selbst konzentrieren, um so mehr werden Sie von dieser Zeit profitieren. *Die für Sie persönlich günstigsten Zeiträume finden Sie 4 und 8 Monate nach*

Begeg-nungszeit-raum

dem Geburtstag. In unserem Beispiel wären dies also der 10.8. und der 10.12. Auch hier gilt wie in allen anderen Fällen ein Zeitraum von plus/minus 5 Tagen. Alles, was Sie jetzt beginnen, hat größere Chancen als sonst, zu einem erfolgreichen Ergebnis zu gelangen. Passieren wird in diesen Phasen allerdings nur selten etwas Außergewöhnliches. Hier gilt das englische Sprichwort: »No news is good news« (Keine [schlechten] Nachrichten sind gute Nachrichten). Diese Konstellation wirkt sich genau umgekehrt aus wie die 3 und 9 Monate nach dem Geburtstag.

Persönlich günstiger Zeitraum

Schließlich sollen noch zwei Zeiträume genannt werden, die besonders für berufliche und geschäftliche Reisen geeignet sind. Sie eignen sich auch bevorzugt für Verhandlungen und Gespräche, Veränderungen in der Wohnung oder am Haus sowie für das Zusammentreffen mit Freunden oder Geschäftspartnern. Die Daten sind 2 und 10 Monate nach dem Geburtstag. In unserem Beispiel wären das der 10.6. und der 10.2.

Beruf und Reise

Da sich diese Daten jedes Jahr wiederholen, genügt es, sie einmal zu berechnen und zu notieren. Wenn Sie die hier gemachten Aussagen mit den Ereignissen in Ihrer persönlichen Vergangenheit überprüfen, werden Sie mit Sicherheit feststellen, daß sich so häufig treffende Übereinstimmungen ergeben, daß schon böser Wille oder Ignoranz notwendig sind, um hier noch von »reinem Zufall« sprechen zu können. Eine besonders kritische Zeit, in der Sie besser keine wichtigen Entscheidungen treffen und in der Sie nicht unnötig Riskantes unternehmen sollten, ist *3 Monate nach dem*

Kritische Zeit

Geburtstag. Da der April der 4. Monat im Jahr ist, rechnen wir einfach 4 + 3 und kommen so auf den 10.7. Die Zeit 5 Tage vor bis 5 Tage nach diesem Datum ist nun ein Zeitraum, während dessen besondere Vorsicht angebracht ist.

Die gleiche Konstellation gilt *9 Monate nach dem Geburtstag.* Bei unserem Beispieldatum wäre dies der 10.1., 4 + 9 = 13. Auch hier gilt wieder der Zeitraum plus/minus 5 Tage, somit der 5. bis 15.1.

Auf diese Weise haben Sie einfach und zuverlässig die beiden Zeiträume im Jahr bestimmt, in denen Sie besser nicht aktiv werden sollten, weil die Gefahr, Fehler zu machen, größer als sonst ist. Diese beiden Daten sind jedoch nicht durchweg problematisch, das gilt nur für das eigene Handeln und für Entscheidungen von großer Tragweite.

Positive Ereignisse

Dafür sind die Chancen, daß Ihnen Positives widerfährt, höher als sonst. Das mag wie ein Widerspruch klingen, ist es aber nicht: In den genannten Zeiträumen hat schon mancher eine Gehaltserhöhung bekommen, oder er erhielt einen wichtigen Brief, auf den er schon lange gewartet hatte. Möglicherweise schenkt Ihnen jemand etwas, oder Sie finden einen verlorengegangenen Gegenstand wieder. All dies sind jedoch Vorgänge, die Sie nicht direkt beeinflussen können. Man erlebt sie als glückliche Zufälle oder als das Ergebnis von Aktivitäten, die schon zurückliegen. Je offener Sie sind, je mehr Sie bereit sind, in diesen Tagen die Dinge einfach auf sich zukommen zu lassen, um so größer ist die Chance, daß aus Unglückstagen Glückstage werden.

Genauere Aussagen lassen sich treffen, wenn Sie berücksichtigen, daß die Konstellationen in den meisten Fällen am stärksten am berechneten Datum bis 2 Tage danach »wirken«. In unserem Beispiel wären das also der 10. bis 12. in den jeweiligen Monaten.

Diese Aussagen lassen sich wiederum präzisieren, wenn Sie die im übernächsten Abschnitt beschriebenen persönlichen Glücks- und Unglückszahlen mit einbeziehen. Hierzu müssen Sie lediglich das Datum in eine ein- und eine zweistellige Zahl verwandeln. Greifen wir wieder auf unser Beispiel zurück und wählen den 10.10.1997. (Bei dieser Rechnung muß die Jahreszahl mit einbezogen werden.) Um zu einer ein- und einer zweistelligen Zahl zu gelangen, müssen Sie lediglich die Quersumme des Datums bilden, das heißt die einzelnen Ziffern addieren: $1 + 1 + 1 + 9 + 9 + 7 = 28$; $2 + 8 = 10$; $1 + 0 = 1$. Der 10.10.1997 ergibt also zwei zweistellige und eine einstellige Zahl: 10, 28 und 1. Jetzt müssen Sie lediglich nachschauen, ob eine dieser Zahlen zu Ihren persönlichen Glücks- oder Unglücksdaten gehört. Da in unserem Beispiel der 10.10. der Stichtag des persönlichen Begegnungszeitraumes ist, ergeben sich folgende Deutungen:

Glücks- und Unglückszahlen

◆ *Glückszahl:* deutlich erhöhte Wahrscheinlichkeit für positive zwischenmenschliche Kontakte und angenehme Erlebnisse im Partnerschaftsbereich;

◆ *Unglückszahl:* deutlich erhöhte Wahrscheinlichkeit für wichtige Erlebnisse im Begegnungsbereich, die jedoch nicht frei von Spannungen und Konflikten sein werden;

◆ *keine Zahl:* allgemein erhöhte Ereignis-
wahrscheinlichkeit im Begegnungsbereich,
die jedoch nicht annähernd so groß ist wie
die Auslösung durch Glücks- oder Unglückszahlen.

Wer es genau wissen möchte, berechnet die
Zahlen für den gesamten Ereigniszeitraum.

Diese Technik ist sehr einfach. Überprüfen
Sie einige Ereignisse der Vergangenheit, und
machen Sie sich ein eigenes Bild von ihrer
Treffsicherheit. Die besten Entsprechungen
werden Sie bei der Übereinstimmung mit persönlichen Unglücks- oder Glückszahlen finden, die auf den Stichtag plus/minus zwei Tage
fallen.

Was den Stier im Lauf des Jahres erwartet

Wohl jeder würde gern wissen, was die nächste
Zukunft für ihn bereithält, erst recht, wenn er
sich für Astrologie interessiert. Um eine allge-

Vorhersage

meine Übersicht zu erhalten, gibt es eine sehr
einfache und effektive Methode: Merken Sie
sich genau die Ereignisse am Tag vor Ihrem
Geburtstag, am Geburtstag selbst und einen
Tag nach dem Geburtstag. So, wie es Ihnen an
diesen Tagen im kleinen geht, so verläuft im
großen das darauffolgende Lebensjahr. Das
heißt, der Tag vor dem Geburtstag entspricht
dem ersten Jahresdrittel, der Geburtstag dem
zweiten und der Tag nach dem Geburtstag
dem dritten.

Ein Beispiel aus der Praxis: Ein junger Mann
fiel bei Reparaturarbeiten an seinem Haus

Der Astronomus.

So bin ich ein Astronomus/
Erkenn zukünfftig Finsternuß/
An Sonn und Mond/durch das Gestirn
Darauß kan ich denn practiciern/
Ob künfftig komm ein fruchtbar jar
Oder Theuwrung und Kriegßgefahr/
Und sonst manicherley Kranckheit/
Milesius den anfang geit.

Astronomus: Bild von Jost Amman und Vers von Hans Sachs aus »Eygentl. Beschreibung Aller Stände auff Erden«, Frankfurt 1568 einen Tag vor seinem Geburtstag von einer Leiter und verstauchte sich ein Fußgelenk. Am Geburtstag mußte er gegen seine ursprüngliche Absicht arbeiten, da ein Kollege krank geworden war. Als er später heimkam, um mit seiner Frau endlich zu feiern, war er so überreizt, daß es zum Streit kam und der ganze Abend verdorben war. Am darauffolgenden Tag sorgte er dafür, daß er früher als sonst *Beispiel* heim konnte. Er versöhnte sich mit seiner Frau, die beiden beschlossen spontan, den Abend nachzufeiern. Sie gingen aus und verstanden sich so gut wie schon lange nicht mehr. Der Streit war vergessen und begraben.

Zwei Monate später zog sich der junge Mann beim Skilaufen einen komplizierten Beinbruch zu, der ihn für sechs Monate arbeitsunfähig machte. Die ganze Zeit über war unklar, ob sein Bein wieder vollständig gesunden würde. Zusätzlich bedrückte ihn die Sorge um seinen Arbeitsplatz. Die erzwungene Untätigkeit und die Ungewißheit setzten ihm so zu, daß er phasenweise trank und das Verhältnis zu seiner Frau immer schlechter wurde. Im zweiten Jahresdrittel entlud sich die angespannte Situation in einem schlimmen Ehekrach. Nervlich am Ende und unter Alkoholeinfluß schlug er sogar seine Frau, was ihm sonst nie in den Sinn gekommen wäre. Noch am selben Abend zog diese zu einer Freundin. Der junge Mann verfiel jetzt kurzzeitig vollständig dem Alkohol. Er änderte seine Lebensweise jedoch radikal, als der Gips entfernt wurde und sich zeigte, daß sein Bein vollständig verheilt war. Er hatte nicht, wie befürchtet, seinen Arbeitsplatz verloren. Sofort stellte er seinen übermäßigen Alkoholkonsum ein. All dies gab ihm die Kraft, einzusehen, in welchem Maße er selbst zu der traurigen Entwicklung in seiner Ehe beigetragen hatte. Er bemühte sich darum, seine Frau zurückzugewinnen, was ihm auch schließlich gelang. Drei Monate vor seinem Geburtstag kam es zu einem ausgedehnten Treffen zwischen beiden, bei dem sie zum erstenmal offen über die Probleme in ihrer Ehe sprachen. Nach der Aussöhnung verstanden sich beide besser als je zuvor.

Zugegeben, nicht immer sind die Entsprechungen so offensichtlich wie in diesem Bilderbuchbeispiel. Aber glücklicherweise werden wir ja auch nicht jedes Lebensjahr von solch dramatischen Ereignissen gebeutelt. Wer sich die Mühe macht und die Ereignisse um vergangene Geburtstage mit denen der *Zusammen-* darauffolgenden Lebensjahre vergleicht, lernt *hänge* schnell, diese Zusammenhänge zu sehen und *verstehen* zu verstehen. Mit ein wenig Kreativität können Sie dann auch Ihren letzten Geburtstag untersuchen und eine Prognose für das laufende Lebensjahr wagen. Wer es noch genauer wissen möchte, der sei auf den nachfolgenden Abschnitt verwiesen.

Nur einen Fehler sollten Sie unbedingt vermeiden: Lassen Sie sich nicht ins Bockshorn jagen, Bangemachen gilt nicht. Verderben Sie sich nicht zukünftige Geburtstage durch die Angst vor jedem noch so kleinen Mißklang! Wer derartige Zusammenhänge zu ernsthaft und besorgt betrachtet, geht in die Falle lebensfeindlichen Aberglaubens. Das ist nicht *Aberglaube* der Sinn der Sache. Eine neugierig-humorvolle Herangehensweise ist hier sicherlich das beste Gegenmittel.

Die persönlichen Glücks- und Unglückszahlen

Die Glückzahl des Stiers ist die 5. Das gilt auch für alle Zahlen, die auf die Ziffer 5 enden, sowie deren Vielfaches. Das heißt, für Stier-Geborene sind zum Beispiel das 5., das 10., das 15., das 20., das 25. und das 55. Lebensjahr von entscheidender Bedeutung, meist im positiven Sinne.

Günstige Tage

Wer möchte, kann diese Entsprechungen auf die Tage eines Monats anwenden. Hier wären also der 5., der 15. und der 25. besonders günstig. Von noch größerem Vorteil ist es, wenn ein solches Datum auf einen Freitag fällt.

Eine weitere Steigerung ist möglich, wenn die Quersumme des untersuchten Datums ebenfalls 5 beträgt. Die Quersumme finden wir, wie gesagt, indem wir die Ziffern eines Datums einfach zusammenzählen. Beispiel: 5.1.1970 = 5 + 1 + 1 + 9 + 7 + 0 = 23; 2 + 3 = 5.

Natürlich läßt sich dieses Spiel auch auf Autonummern, Hausnummern oder die Zahlen anwenden, auf die man beim Roulette setzt. Allerdings kann man alles so übertreiben, daß aus einer guten Sache eine schlechte wird.

Unglücks-zahlen

Unglückszahlen des Stiers sind die 1, die 4 und die 11. Die Anwendungsregeln sind die gleichen wie bei den Glückszahlen. Auch hier sollte man Übertreibungen vermeiden. Nur ein ausgesprochen dummer Stier läßt sich etwa den Partner seiner Träume durch die Lappen gehen, weil dieser etwa zum Zeitpunkt des Kennenlernens 33 (= 3 × 11) Jahre alt ist.

Der aufmerksame Leser wird bemerkt haben, daß es Zahlen geben muß, die gleichzeitig Glücks- und Unglückszahlen sind, zum Beispiel 65 oder 55. Hier ist anzumerken, daß die Quersumme immer bedeutsamer ist als die letzte Ziffer. 65 und 55 sind also eher ungünstig zu bewerten.

Zu guter Letzt sollen in diesem Zusammenhang noch die Ergänzungs- oder Begegnungszahlen erwähnt werden. Diese sind beim Stier die 10 und die 17. Alle Daten, die auf 17 enden und/oder als Quersumme 17 ergeben, sind für Begegnungen und zwischenmenschliche Kontakte aller Art besonders geeignet.

Ergänzungs- und Begegnungszahlen

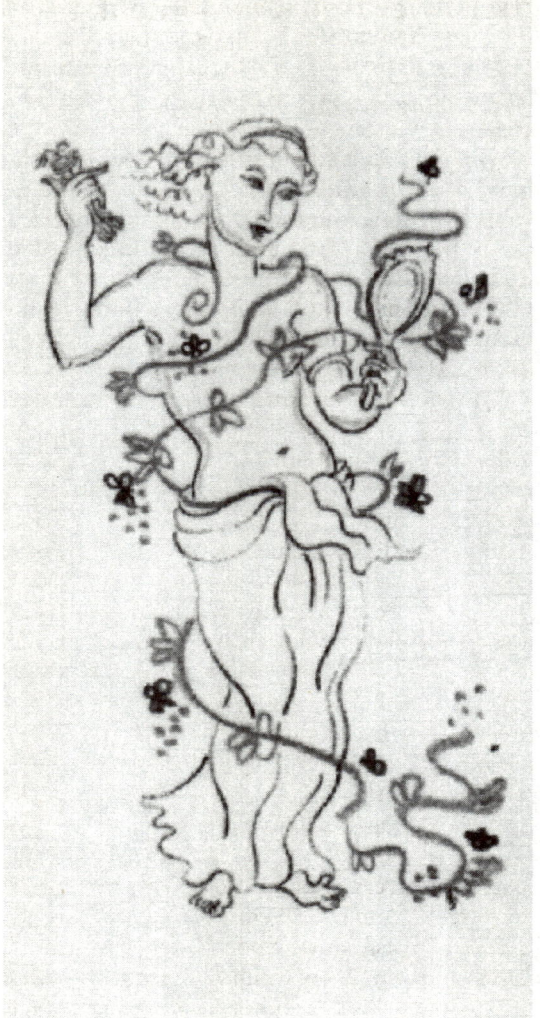

Venus regiert die Zeichen Stier und Waage

Der Stier und sein Umfeld

Der Stier und die anderen

Stiere sind Herdentiere, das liegt nun einmal in ihrer Natur. Geselligkeit ist ihnen wichtig, vorausgesetzt, es handelt sich um eine Gesellschaft von Menschen mit dem richtigen »Stallgeruch«.

Das können ähnliche Überzeugungen und Interessen sein, häufig sind es einfach Nachbarn und Menschen, mit denen man auch im Alltag ständig zu tun hat. Das Zusammensein in einer angenehmen Runde, sei es der Stammtisch, das Kaffeekränzchen, der Kegelclub oder ein gemeinsamer Opernbesuch, haben für sie eine wichtige soziale Funktion: Sie helfen, die »Dellen« auszubeulen, die man sich im Arbeitsleben unweigerlich gegenseitig zufügt. Daß dies in einem Rahmen geschieht, der allen Beteiligten angenehm ist, schadet dabei ja keineswegs.

Geselligkeit

Stiere sind eigensinnig, stur, konservativ, inflexibel, schwerfällig und selbstgerecht – manchmal zumindest. Von alldem werden Sie nichts bemerken, wenn sich der Stier in der richtigen Umgebung befindet. Er erscheint fast wie ausgewechselt und ist fröhlich, warmherzig, offen und versöhnlich. Der größte Streit ist dann bei einem Glas Wein in kürzester Zeit beigelegt, vorausgesetzt, beiden Seiten liegt daran, auch in Zukunft noch miteinander auszukommen. Doch Stiere machen sich nur selten die Mühe, Beziehungen zu pflegen, die keine langfristige Perspektive haben. Stiere brauchen das

Umgebung

Akzeptanz

Gefühl, von ihrer Umgebung gemocht und akzeptiert zu werden. Lieber ziehen sie an einen anderen Ort oder wechseln den Arbeitsplatz, als in einer Umgebung zu bleiben, in der sie eine Außenseiterrolle einnehmen müssen. Manche Tierkreiszeichen gefallen sich in dieser Pose, gibt sie ihnen doch etwas Elitäres, das Gefühl, etwas Besseres zu sein. Der Stier will nichts Besseres sein – er will einfach nur unbedingt dazugehören. Schließt man ihn aus, gerät er regelrecht in Panik. Es wurde schon gesagt, warum das so ist: Ein Herdentier, das von seiner Gruppe getrennt oder sogar ausgestoßen wird, ist zum sicheren Tod verurteilt. Und diese Urerfahrung steckt allen Stier-Geborenen in den Knochen, ob ihnen dies nun bewußt ist oder nicht. In diesem Sinne ist der sonst so eigensinnige Stier sogar anpassungsfähig – lieber würde er auf eine Gehaltserhöhung verzichten, als sich durch sein eigenes Verhalten ins Abseits zu stellen und sich zu isolieren.

Persönliche Freundschaften werden hingegen nicht so leicht eingegangen wie bei anderen Zeichen, was jeder zu spüren bekommt, der die Bekanntschaft mit einem Stier vertiefen will. Stier-Geborene haben sehr viele Bekannte, manche gute Bekannte, aber nur sehr wenige enge Freunde. Das liegt an fol-

MÜNZ AS

genden Gründen: Zum einen ist ihr Bedürfnis nach Gesellschaft durch ihre Partnerschaft und ihren Bekanntenkreis schon größtenteils abgedeckt; ihr Bedürfnis, neue Freundschaften zu schließen, ist dementsprechend wenig ausgeprägt. Zum anderen brauchen Stiere lange, um sich an jemanden zu gewöhnen, noch länger, um ihn zu mögen, und nochmals länger, um ihn wirklich ins Herz zu schließen. In der Liebe mag dies aus verschiedenen Gründen anders sein.

Freund-
schaft

Um der Freund eines Stiers zu werden, ist jedoch nach wie vor die beste Voraussetzung, bereits im Sandkasten mit ihm gespielt zu haben. Der wichtigste Faktor für eine Freundschaft ist hier einfach Zeit. Wer einen Freund fürs Leben sucht, wird bei einem Stier jedoch gern bereit sein, die notwendige Geduld aufzubringen, denn worauf dieser sich einmal eingelassen hat, das gibt er von sich aus nicht mehr auf. Daß er sich für solche für die Ewigkeit konzipierten Verbindungen entsprechend Zeit läßt, wird damit mehr als verständlich.

Wichtiger als geistiger Austausch, anregende Gespräche oder gemeinsame Unternehmungen ist für einen Stier Verläßlichkeit, und zwar in den praktischen Herausforderungen des Lebens. Ein Freund ist da, wenn man Hilfe und Unterstützung braucht – diesen Anspruch hat er an sich, und das erwartet er auch von jedem, der mit ihm befreundet sein möchte. Es braucht

Bewäh-
rungs-
proben

eine Reihe von Bewährungsproben, bis er bereit ist, einen guten Bekannten in den Status eines Freundes zu erheben. Enttäuschen Sie ihn niemals, und er wird Sie niemals enttäuschen.

Wie kann's der Stier mit den übrigen Tierkreiszeichen?

Entgegen der allgemein verbreiteten Meinung gibt es keine bestimmten Tierkreiszeichen, die automatisch gut zusammenpassen, während sich andere überhaupt nicht verstehen. Dies liegt nicht nur daran, daß unser Sonnenzeichen nur *ein* Aspekt unter vielen in unserem Horoskop ist. Entscheidend ist ganz einfach der gute Wille zweier Menschen: Ein Liebespaar, das glücklich verliebt ist, wird sich kaum darum scheren, ob es aus astrologischer Sicht miteinander harmoniert oder nicht. Umgekehrt können Menschen Todfeinde sein, die der Theorie nach doch gut zusammenpassen müßten. Dennoch sind allgemeine Hinweise sinnvoll und nützlich, um feststellen zu können, wo Stolpersteine im Umgang miteinander liegen können und wo es besondere Chancen gibt.

$$\text{♉} - \text{♈}$$

Stier – Widder

Dies ist normalerweise alles andere als eine ideale Kombination. Der Widder braucht »Action«, der Stier möchte Sicherheit und Beständigkeit. Dem Widder kann nichts schnell genug gehen, der Stier möchte in Ruhe planen und überlegen. Der Widder liebt das Risiko, der Stier möchte das Erreichte nicht aufs Spiel setzen. *Gegensätze*

Wenn allerdings das Interesse aneinander groß genug ist, so können sich diese so unterschiedlichen Zeichen perfekt ergänzen, denn der eine gleicht die Schwächen des anderen aus, und beide können von ihren Stärken profitieren: Ein Widder, der einen Stier liebt oder schätzt, wird dessen Rat ernst nehmen, während er sich sonst von niemandem gern etwas sagen läßt. Unbedachte und riskante Aktionen, die unnötig gefährlich sind, ohne daß außergewöhnliche Erfolgsaussichten den ho- *Ergänzung* hen Einsatz rechtfertigen, wird ein Widder dann nicht mehr unternehmen.

Umgekehrt wird der eher bedächtige und pragmatische Stier sich vom Widder zu mehr Lebenslust anstiften lassen und dadurch spontaner und genußfähiger werden. Wenn beide Seiten beständig daran arbeiten, ihre unterschiedlichen Temperamente zu verstehen und zu akzeptieren, sind außergewöhnliche und *Beziehungs-* fruchtbare Partnerschaften möglich. Anderen- *arbeit* falls besteht die Gefahr, daß wachsende gegenseitige Verständnislosigkeit der Beziehung die Grundlage entzieht. Schneller, als man denkt, werden die beiden sich dann fremd, und keiner hat dem anderen mehr etwas zu sagen.

In der Praxis hat sich gezeigt, daß Widder-Männer mit ihren Stier-Frauen oft besser dran sind, als ihnen selbst bewußt ist. Stier-Männer hingegen müssen sich oft anstrengen, um bei dem Tempo und der Energie ihrer Widder-Frau mithalten zu können.

$$\text{♉ – ♉}$$

Stier – Stier

Dies ist nicht immer eine ideale Kombination, denn zwei Sturköpfe vertragen sich nicht unbedingt. Auch besteht das Problem, wer von beiden denn nun den ersten Schritt unternimmt. Das ist bereits beim Kennenlernen Thema und spielt in der gesamten Beziehung eine entscheidende Rolle. Eine gewisse Tendenz, sich gegen- *Blockaden* seitig zu blockieren, muß also überwunden werden, damit sich die beiden Stiere wohl miteinander fühlen. Es ist möglich, daß jeder auf die Entscheidung oder die Initiative des anderen wartet, so daß unter dem Strich überhaupt nichts passiert. Entscheidend ist, ob beide schon vor ihrer Beziehung in allen wesentlichen Lebensbereichen ähnliche Vorstellungen hatten. Wo dies nicht der Fall ist, wird es schwer, denn Stiere stellen sich nicht gern um, und so können Meinungsverschiedenheiten zu unerfreulichen Dauerbrennern werden.

Selbst Kleinigkeiten können dann die ganze Atmosphäre vergiften. Ist allerdings genügend Übereinstimmung in Lebenseinstellung und Wesen vorhanden, so daß sich die Beteiligten nicht erst zusammenraufen müssen, sind auch bei dieser Konstellation sehr positive Partnerschaften möglich. In solchen Fällen zeichnen sich die Beziehungen sogar durch außergewöhnliche Stabilität aus, denn wie gesagt ist kein anderes Tierkreiszeichen so beharrlich wie der Stier. *Stabilität*

Wie bei allen Verbindungen, bei denen die Partner im gleichen Zeichen geboren wurden, ist auch hier wichtig, daß das Paar sich um Herausforderungen bemüht, die man zusammen meistern kann. Dies kann eine berufliche Zusammenarbeit, gemeinsame Hobbys oder ein Hausbau sein. Besonders wichtig sind dabei gemeinsame Freunde, zu denen der Kontakt auch regelmäßig gepflegt werden sollte. Sonst besteht die Gefahr, zu sehr im eigenen Saft zu kochen und vermeidbare Spannungen aufzubauen, die die Partnerschaft dann unnötig belasten. In anderen Fällen macht sich einfach Langeweile breit, was den Reiz einer Partnerschaft ja alles andere als erhöht. Sind jedoch genügend Außenreize vorhanden, *Herausforderungen* können diese möglichen Spannungen erfolgreich umgangen werden, und einer harmonischen und erfüllten Beziehung steht aus astrologischer Sicht nichts mehr im Wege.

$$\text{♉ – ♊}$$

Stier – Zwillinge

Stiere und Zwillinge sind sich von ihrem Wesen her fremd, so daß es schon aus diesem *Gegen-* Grund nur selten zu einer besonderen gegen-*sätzlichkeit* seitigen Anziehung kommt. Wo dies der Fall ist, werden andere Horoskopfaktoren (wie zum Beispiel der Mond oder der Aszendent) einen Ausgleich schaffen.

Stiere suchen die Sicherheit, die Ruhe und die Beständigkeit. Der Zwilling braucht Abwechslung, Unterhaltung und möchte immer in Bewegung sein. Das macht es schwierig, einen gemeinsamen Nenner zu finden, schließlich kann keiner von beiden seine Natur verleugnen. In solchen Fällen können Partnerschaften nur dann gelingen, wenn beide Seiten *Toleranz* bereit sind, viel Toleranz aufzubringen. Es kann notwendig sein, daß in der Freizeitgestaltung jeder seine eigenen Wege geht, einen eigenen Bekanntenkreis hat und Hobbys pflegt, mit denen der Partner nichts zu tun hat. Auch der getrennte Urlaub mag in manchen Fällen Spannungen vermeiden helfen, selbst wenn dies vor allem für den Stier-Partner nicht leicht zu akzeptieren ist.

Die große Unterschiedlichkeit der Persönlichkeiten hat jedoch auch ihre Vorteile. Die Interessen liegen so weit auseinander, daß man gar nicht in Versuchung gerät, sich gegenseitig reinzureden.

Der Stier kann dem Zwilling Schutz und Sicherheit, das Gefühl von Geborgenheit und einem Zuhause geben. Der Zwilling bietet geistige Anregung und Weltoffenheit. Wenn beide Seiten diese Chance nutzen, dann wird der Zwilling ein wenig »stabilisiert« und ruhiger, während der Stier lernt, mehr über seinen eigenen Tellerrand hinauszuschauen.

Chancen

Stier – Krebs

Diese Zeichen ergänzen sich ideal. Das heißt nicht, daß es in einer solchen Beziehung keine Probleme geben könnte, genausowenig wie eher schwierige Tierkreiszeichen-Verbindungen zum Scheitern verurteilt sind. Wer sich ideal ergänzt, kann eben im Zweifelsfall auch »ideal« miteinander streiten, da beide die Motive des anderen besonders gut erkennen und damit eben auch kritisieren können. Verbindungen zwischen Tierkreiszeichen, die weniger gut miteinander harmonieren, bieten auch weniger gegenseitige Angriffsfläche, wodurch Auseinandersetzungen seltener und weniger intensiv auftreten.

Ideale Ergänzung

Geringe Angriffsflächen

Krebse bieten emotionale Sicherheit und Geborgenheit, während sie mit den praktischen Seiten des Lebens oft weniger gut zurechtkommen. Stiere haben in der Regel keinerlei Schwierigkeiten, ihren Alltag (und den ihres Partners) zu bewältigen, während sie in Gefühlsdingen manchmal ein wenig schwerfällig sind. In diesem Sinne können sich beide Seiten hervorragend ergänzen: Der Krebs wird dem Stier von den Augen ablesen können, was dieser gerade braucht, um sich wohl zu fühlen, ohne daß dieser viele Worte machen müßte. Der Stier wiederum wird wenig Schwierigkeiten haben, für das Auto des Krebses eine geeignete Werkstatt zu finden und eine korrekte Reparatur zu veranlassen. Der Krebs ist in der Lage, dem Stier ein wohliges Zuhause zu schaffen, während der Stier dafür sorgt, daß die Rechnungen pünktlich bezahlt werden.

Chancen Eine solche Partnerschaft hat die besten Chancen, in Harmonie zu verlaufen, wenn beide bereit sind, von den Stärken des anderen zu profitieren, und bei dessen Schwächen ein Auge zudrücken: Der Stier ist dem Krebs vielleicht manchmal ein wenig zu unsensibel, zu stur und zuwenig flexibel. Der Krebs ist für den Stier oft ein wenig weltfremd, zu verträumt und stimmungsabhängig. Aber schließlich ist niemand vollkommen, und die Gemeinsamkeiten überwiegen doch deutlich.

$$\text{♉ – ♌}$$

Stier – Löwe

Stiere und Löwen sind von ihrem Wesen her eher gegensätzlich. Doch das Fremde macht bekanntlich neugierig. Mit ein wenig gutem Willen können sich die beiden Partner recht gut ergänzen, wenn erst einmal genügend Ver-
Verständnis ständnis füreinander aufgebaut wurde.

Löwen unterliegen häufig dem Irrtum, sich dem Stier gegenüber überlegen zu fühlen, da sie dazu neigen, selbstbewußter aufzutreten. Es braucht eine Weile, bis sie merken, daß sie vielleicht schneller und mit größerer Lautstärke handeln, aber nicht unbedingt effektiver. Wo der Löwe spontan und voller Begeisterung, ohne groß nachzudenken, loslegt, überlegt der Stier erst und erreicht infolgedessen mit weniger Aufwand mehr. Der Löwe-Partner muß lernen, für eine erfolgreiche Partnerschaft sein Dominanzstreben zurückzunehmen, um unnötige und belastende Auseinandersetzungen zu vermeiden. Der Stier hingegen ist gefordert, sich vom Temperament des Löwen nicht ins Bockshorn jagen zu lassen.

Aufgaben

Zu Beginn einer Bekanntschaft neigt der Stier dazu, den Löwen fast kritiklos zu bewundern, was sich dieser nur allzugern gefallen läßt. Es wird dem Stier schwerfallen, auch nur angemessen zu Wort zu kommen, denn bevor er einen Gedankengang des vor Ideen übersprudelnden Löwen nachvollzogen hat, ist dieser schon längst bei einem anderen Thema. So entsteht schnell der Trugschluß, daß sein Gegenüber praktisch alles weiß und kann und es kein Problem gibt, das dieser nicht in kürzester Zeit lösen könnte. Staunend nimmt der Stier den Mut und das Selbstbewußtsein des Löwen zur Kenntnis, während er selbst eher vorsichtig und bedächtig zu Werke geht. Schnell findet der Stier jedoch heraus, daß der Löwe ein wenig dazu neigt zu handeln, bevor er nachgedacht hat. Auch dessen Hang, die Dinge in einem für ihn günstigen Licht erscheinen zu lassen, entgeht dem Stier nicht. So weicht die Bewunderung bald einer eher kritischen Haltung, und mit Kritik tun sich Löwen nicht gerade leicht.

Heraus-
forderung

Wenn beide fähig und willens sind, diese Klippen zu umschiffen, können sich in dieser Verbindung Spontaneität und Sorgfalt, Lebensfreude, Risikobereitschaft und Gründlichkeit auf faszinierende Weise ergänzen. Der Weg zu einer tragfähigen Beziehung ist hier nicht einfach. Doch ist eine solche gelungen, wird es kaum eine Herausforderung geben, der die beiden nicht gewachsen wären.

Stier – Jungfrau

Fehlende
Reibungs-
flächen

In fast allen Büchern über Tierkreiszeichen wird diese Beziehung als besonders günstig beschrieben. Das gilt mit Einschränkungen. Zwar fehlt zwischen beiden Tierkreiszeichen die Reibungsfläche, das heißt, sie harmonieren sehr gut miteinander, aber allzuoft fehlt leider auch das gewisse Etwas, das eine Partnerschaft erst reizvoll macht. Das liegt unter anderem daran, daß beide Zeichen eher passiv sind. Sowohl der Stier als auch die Jungfrau suchen einen Partner, der die Initiative ergreift. Wenn nicht einer der Partner eine Feuerzeichenkomponente im Horoskop aufweist, besteht so die Gefahr, daß beide oft vergeblich auf den ersten Schritt des anderen warten.

Allerdings besitzen beide Zeichen einen natürlichen Respekt voreinander, der sich besonders positiv in geschäftlichen und rein freundschaftlichen Verbindungen zeigt. Keiner überschreitet die Grenzen des anderen, und die üblichen Machtspielchen bleiben aus.

In Liebesbeziehungen ist besonders in der Anfangsphase eine ausgesprochen erfreuliche Sexualität möglich, die Meinungsverschiedenheiten schnell vergessen läßt. Paaren, denen es gelingt, sich diese Erotik zu erhalten, werden sicherlich auch in der Lage sein, mit allen anderen Herausforderungen des Lebens gemeinsam fertig zu werden. Anderen wird es gelingen, die sexuelle Anziehung um den Aspekt einer Herzensbindung zu erweitern. Auch diese Paare haben die denkbar besten Aussichten für eine glückliche gemeinsame Zukunft.

Erotik

Beziehungen allerdings, die ohne besondere gegenseitige Anziehung ihren Anfang genommen haben, werden auch nur wenig Aussicht haben, zu einer harmonischen und tragfähigen Partnerschaft zu werden. Die Gefahr, sich fremd zu werden, bevor man überhaupt richtig zueinandergefunden hat, ist groß. Manches Paar verbringt dann ein ganzes Leben damit, friedlich nebeneinander herzuleben und sich miteinander zu Tode zu langweilen. Gemeinsame Kinder oder andere Herausforderungen helfen, daß sich beide Seiten so aufeinander zubewegen, wie dies für eine echte Partnerschaft notwendig ist.

Aufgaben

$$\text{♉} - \text{♎}$$

Stier – Waage

Hier treffen zwei von der Venus beherrschte Zeichen aufeinander. Dennoch scheinen die echten Gemeinsamkeiten sich bereits in dieser Tatsache zu erschöpfen. Stiere und Waagen sind sich von ihrem Wesen her eher fremd.

Fremdheit

Doch das Fremde macht bekanntlich auch neugierig. Mit ein wenig gutem Willen können sich die beiden Partner hervorragend ergänzen, wenn erst einmal genügend Verständnis füreinander aufgebaut wurde.

Waagen unterliegen häufig dem Irrtum, sich den Stieren gegenüber überlegen zu fühlen, da diese ihnen ein wenig langsam und hausbacken vorkommen. Es braucht eine Weile, bis sie merken, daß sie vielleicht schneller und eleganter handeln, aber nicht unbedingt effektiver. Wo die Waage spontan reagiert, überlegt der Stier erst und erreicht deswegen mit weniger Aufwand oft mehr.

Aufgaben Für eine erfolgreiche Partnerschaft muß der Waage-Partner lernen, seinen Hang zur Selbstgefälligkeit zu überwinden, um unnötige und belastende Auseinandersetzungen zu vermeiden. Insbesondere in der Anfangszeit hat der Stier oft die Tendenz, die Waage regelrecht anzuhimmeln, kommt sie ihm doch viel weltgewandter, eleganter und moderner vor, als er sich selbst sieht. Die Waage sollte nicht in diese Falle gehen und sich allzusehr in ihrer Eitelkeit sonnen. Der Stier merkt schnell, daß auch hier nicht alles Gold ist, was glänzt, und die Waage im Zweifel die schöne Illusion einer tristen Realität vorzieht. Wunschdenken und ihre Darstellung der »Wirklichkeit« können dann nahtlos ineinander übergehen. Stiere, die sich hier zu lange blenden ließen, ziehen sich manchmal enttäuscht und verbittert zurück. Sie fühlen sich hintergangen und betrogen. Schon aus diesem Grunde sollte der Waage-Partner nicht allzu dick auftragen – es wird ihm wesentlich mehr schaden als nützen.

Die Waage wiederum ist gefordert, sich von der Sturheit des Stiers nicht einschüchtern zu lassen. Sie ist regelrecht »harmoniesüchtig« und kann Spannungen nur schwer ertragen. Der Stier hält sie dagegen gut aus, zumindest so gut, daß er nicht im Traum daran dächte, nachzugeben, wenn er sich im Recht fühlt. Um des lieben Friedens willen wird hier fast immer die Waage nachgeben und der Stier die Beziehung entsprechend dominieren.

Herausforderungen

Waagen sind Luftzeichen, sie möchten die Dinge möglichst mit leichter Hand angehen. Alles soll unkompliziert und vor allem nicht anstrengend sein. Dies kommt dem Stier manchmal ein wenig oberflächlich vor. Zwar weiß er die angenehmen Seiten des Lebens durchaus zu schätzen, aber er weiß auch, daß die Götter vor den Erfolg den Schweiß gesetzt haben. Er baut keine Luftschlösser, er packt an, wo es notwendig ist.

Wenn beide fähig und willens sind, diese Klippen zu umschiffen, können sich in dieser Verbindung Ästhetik und Sorgfalt, Eleganz und Gründlichkeit auf faszinierende Weise ergänzen. Der Weg zu einer tragfähigen Beziehung ist hier nicht einfach. Doch ist dies gelungen, wird es kaum eine Herausforderung geben, der die beiden nicht gewachsen wären.

Chancen

$$\text{♉} - \text{♏}$$

Stier – Skorpion

Wenn zwei Tierkreiszeichen wie füreinander geschaffen sind, dann diese beiden. Der Stier als sinnenfroher Pragmatiker sehnt sich nach

Die LIEBENDEN

einem leidenschaftlichen, treuen und temperamentvollen Partner. Der Skorpion wünscht sich ein standfestes Gegenüber, das den Herausforderungen des Lebens entschlossen entgegentritt und sich nicht von jedem kleinen Problem ins Bockshorn jagen läßt. Beide glauben fest daran, daß die wahre Liebe alle Hindernisse überwindet. Und für diese Konstellation ist das auch bestimmt richtig.

Mag sein, daß ihre Freunde und Bekannten über die beiden ungläubig den Kopf schütteln und sich fragen, was zwei so unterschiedliche Menschen nur aneinander finden können, der eine forsch und draufgängerisch, der andere vorsichtig und harmoniesüchtig. Doch gilt für die beiden das Sprichwort »Gegensätze ziehen sich an« in uneingeschränktem Maße. Sie passen tatsächlich zusammen wie der Schlüssel und das Schloß.

»Gegensätze ziehen sich an«

So nimmt es auch nicht wunder, daß hier die Liebe auf den ersten Blick öfter vorkommt als bei anderen Tierkreiszeichen-Verbindungen. Man kann sogar sagen, daß sich solche Paare entweder auf Anhieb hervorragend verstehen oder gar nicht. Zwar kann es aus verschiedenen Gründen eine Weile dauern, bis die beiden endgültig zueinanderfinden, doch ist die Entscheidung in Wahrheit schon beim ersten

Liebe auf den ersten Blick

Zusammentreffen gefallen. Möglicherweise reagiert der Stier auf die Eroberungsversuche des Skorpions erst einmal zurückhaltend, doch liegt dies nur in den seltensten Fällen daran, daß er dessen Gefühle nicht erwidert. Im Gegenteil: Er möchte sich davon überzeugen, ob er sich der Gefühle des Skorpions sicher sein kann. Die umgekehrte Konstellation ist genausogut möglich, so daß sich die beiden in manchen Fällen eine Weile umkreisen.

Echte Partnerschaften zwischen diesen Zeichen sind so gut wie immer ausgesprochen leidenschaftlich. Dies schließt natürlich Auseinandersetzungen, Streit und Eifersucht mit ein. Doch das gefährdet die Partnerschaft keineswegs, vielmehr intensiviert es die Gefühle füreinander noch. *Leidenschaft*

Am besten verstehen sich die beiden, wenn sie miteinander allein sind. Nur selten wird sich der Freundeskreis des Stier-Partners mit dem des Skorpions verstehen und umgekehrt, dafür sind die beiden – aus der Sicht Außenstehender – einfach zu verschieden. Doch das ist weiter kein Problem, da die beiden ihre gemeinsame Zeit so intensiv wie möglich nutzen möchten, und da wären Dritte nur störend.

Im Laufe der Jahre schafft sich das Paar einen neuen, gemeinsamen Freundeskreis, doch ist es für eine harmonische Partnerschaft auch wichtig, daß keiner der beiden seine alten Bekanntschaften aufgibt. Das verhindert, daß sich die zwei zu sehr aneinander anpassen. Auf diese Weise kann eine Beziehung noch nach vielen Jahren so intensiv und temperamentvoll wie am Anfang sein. *Freundeskreis*

Stier – Schütze

Diese beiden Tierkreiszeichen sind sich so
fremd, daß man fast glauben könnte, sie kämen von verschiedenen Planeten. Dennoch
Chancen ist die Hoffnung auf eine harmonische Partnerschaft nicht aussichtslos: Zum einen können andere Horoskopfaktoren, insbesondere
Aszendent und Mond, einen Ausgleich schaffen, zum anderen kann eine Wesensfremdheit
in günstigen Fällen das Interesse am anderen
fördern.

Schützen sind Idealisten, sie weigern sich,
daran zu glauben, daß es nicht für jedes Problem eine friedliche und einvernehmliche Lösung gibt. Sie sind davon überzeugt, daß alles
nur eine Frage des guten Willens und der Toleranz ist. Diese Einstellung erscheint dem Stier
– gelinde gesagt – ein wenig weltfremd, er kann
darin bestenfalls eine schöne Utopie sehen,
von deren Verwirklichung wir noch Lichtjahre
entfernt sind. Was beide Zeichen miteinander
Gerechtig- verbindet, ist jedoch ihr tiefverwurzelter Ge-
keitssinn rechtigkeitssinn. Die Schützen sind nicht so
unrealistisch zu glauben, daß es in unserer
Welt keine Unterdrückung, keine Diskriminie-
rung oder keine Benachteiligung von Schwa-
chen gäbe. Zwar sind sie davon überzeugt, daß
mit Aufklärung und Verhandlungen diese Probleme langfristig gelöst werden können, doch
kann sich ein Stier ihrer Sympathie sicher
sein, der seine Rechte verteidigt, auch wenn
sie mit der Wahl der Mittel nicht immer einverstanden sind.

Der Schütze hingegen kann vom Stier ein wenig mehr praktischen Realitätssinn erlernen, schließlich nützt der größte Optimismus nichts, wenn jemand gerade damit beschäftigt ist, einem die Geldbörse zu klauen.

In Partnerschaften ist hier die größte Herausforderung gegenseitige Toleranz. Der Stier braucht die Konfrontation, die direkte Auseinandersetzung, an der er sich reiben kann. Beim Schützen hat er da keine Chance, dieser wird sich kaum auf einen offenen Streit einlassen, und wenn, dann wird der Stier ihn verlieren, weil der Schütze ihm so gut wie immer rhetorisch überlegen ist. So wird er in den meisten Fällen dem Stier einfach recht geben und ihm kampflos das Terrain überlassen. Das Ergebnis ist für den Stier unbefriedigend. Zwar hat er sich durchgesetzt, doch der Sieg schmeckt schal und kann nicht befriedigen. Der Schütze verwirklicht seine Interessen so geschickt, daß der Stier überhaupt nicht merkt, daß eine Auseinandersetzung stattgefunden hat. Unmerklich hat er sich die Ansichten des Schütze-Partners zu eigen gemacht und vertritt nun dessen Meinungen voller Überzeugung als die eigenen. So hat der Stier nicht ganz zu Unrecht das Gefühl, er komme gegen den Schützen nicht an. Er fühlt sich dann schnell untergebuttert, ohne jedoch genau sagen zu können, was das eigentliche Problem ist. Doch zum Glück wissen Schützen ganz genau, daß für eine harmonische Partnerschaft beide Seiten zufrieden sein müssen. Keiner darf das Gefühl haben, zu kurz zu kommen.

Die häufigste Lösung, die Stier-Schütze-Paare finden, liegt darin, daß der Stier sich Freunden

Toleranz

Aufgaben

gegenüber oder bei gemeinsamen gesellschaftlichen Unternehmungen nach Herzenslust in
den Vordergrund spielen darf. Dies schafft oft
einen fairen Ausgleich für seine Unterlegen-
heitsgefühle im Privatleben.

$$\text{♉ – ♑}$$

Stier – Steinbock

Verständnis

Die Verbindung dieser Tierkreiszeichen ist besonders vielversprechend. So gut wie immer
werden sich beide auf Anhieb verstehen. Der
Steinbock hat keine Probleme mit der manchmal ein wenig undiplomatischen und langsa-
men Art des Stiers. Dieser nimmt das instinktiv wahr und äußert sich daraufhin offener, als
er das normalerweise tut. Generell kann der
Stier so stärker aus sich herausgehen. Er fühlt
sich in der Gesellschaft des Steinbocks wohl,
zumal sich dieser aufrichtig für das, was der
Stier zu erzählen hat, interessiert. Er ist einfach von dessen praktischem Verstand, der
Vitalität und Sinnlichkeit fasziniert. Der Stier
wiederum schätzt die Konsequenz, den Gerechtigkeitssinn und die Ausdauer des Steinbocks sowie dessen Selbstdisziplin.

Faszination

Umgekehrt wird sich der Steinbock gelegentlich mit der rein pragmatischen Lebens-
sicht des Stiers schwertun, der mit abstrakten
Fragestellungen nur wenig anfangen kann. Da
die Gemeinsamkeiten überwiegen, werden
solche Persönlichkeitsunterschiede nur selten
zu einem ernsthaften Problem werden.

Die zahlreichen Skrupel, das große Verant-
wortungsgefühl und die Angst, Fehler zu ma-

chen, können für den Steinbock zu einer regelrechten Handlungsblockade führen. Hier vermag ihm die praktische Ader des Stiers von unschätzbarem Nutzen zu sein: Mit sicherem Instinkt läßt dieser sich nur von den Plänen des Steinbocks begeistern, von denen er spürt, daß sie sich auch verwirklichen lassen. Und während der Steinbock noch hin und her überlegt, hat der Stier bereits begonnen, dessen Ideen in die Tat umzusetzen.

In geschäftlicher Zusammenarbeit kann dies ausgesprochen nützlich sein, vor allem wenn es um das Geldwesen, Immobilien und Handelswaren geht.

Geschäfte

Aber auch in Liebesbeziehungen ist diese Konstellation außergewöhnlich erfolgversprechend. Dies gilt in besonderem Maße für Paare, die auch beruflich zusammenarbeiten oder gemeinsam sozial und gesellschaftlich engagiert sind.

Stier – Wassermann

In den meisten Astrologiebüchern wird diese Verbindung als sehr problematisch angesehen und als hoffnungslos zum Scheitern verurteilt. Glücklicherweise ist dem mitnichten so. Beide Zeichen vermögen sich unter bestimmten Voraussetzungen hervorragend zu ergänzen, auch wenn ihre Temperamente kaum unterschiedlicher sein könnten. Der Wassermann mag zum voreiligen Handeln neigen, während der Stier vielleicht allzu vorsichtig oder gar zögerlich an die Dinge herangeht.

Unterschiedliche Temperamente

Doch können beide viel voneinander lernen: Der Stier kann dem Wassermann vermitteln, wie man sein Leben möglichst effektiv organisiert und plant. Er weiß, wie man sein Geld am besten anlegt, wie man sein Haus am besten instand hält und welche Weinsorte am besten schmeckt ... Der Wassermann hingegen kann dem Stier ein Vorbild sein, wenn es darum geht, sich von den Schatten der Vergangenheit zu lösen und voller Energie einen Neuanfang zu wagen. Er kann zeigen, wie man intuitiv unerwartete Probleme meistert, denen der Stier wie gelähmt gegenüberstünde. Auch in persönlichen Auseinandersetzungen gibt's für den Stier was vom Wassermann zu lernen, kann jener doch nur »dichtmachen« oder den Ort des Geschehens wutschnaubend verlassen, wenn sich jemand über die Spielregeln des guten Benehmens einfach hinwegsetzt und sich ihm gegenüber beleidigend oder unverschämt verhält. Der Wassermann hätte den dreisten Widersacher bereits mit einer schnippischen Bemerkung der allgemeinen Lächerlichkeit preisgegeben, während der Stier noch darüber nachsinnt, wie er sich in einer solchen Situation angemessen verhalten könnte.

Gemein-
samkeiten
So unterschiedlich diese beiden Tierkreiszeichen auch sind, gemeinsam sind ihnen ihr Eigensinn und ihre Starrköpfigkeit. Außenstehende mögen sich kopfschüttelnd fragen, wie ein solches Paar es fertigbringt, selbst über Nebensächlichkeiten stundenlang erbittert zu debattieren, um dann endlich einen Kompromiß zu finden, der beiden recht gibt und keinen das Gesicht verlieren läßt.

So mancher wird es sich deswegen zweimal
überlegen, bevor er mit einer Stier-Wasser-
mann-Verbindung in Urlaub fährt. Doch zum
Glück lernen die meisten mit der Zeit den
Klärungsbedarf bei Alltagsthemen deutlich
einzuschränken – schließlich ist ja jede Dis-
kussion irgendwann einmal bereits geführt
worden –, und nichts entnervt einen Wassermann mehr als endlose Wiederholungen. Dem
Stier wiederum sind allzu lange Diskussionen *Diskus-*
an sich schon ein Greuel. Auf der anderen *sionen*
Seite können Stier-Wassermann-Paare gerade
wegen ihrer Verschiedenartigkeit soviel voneinander lernen, und das braucht eben seine
Zeit und kann nicht ohne Reibereien gelingen.

In Freundschaften und Geschäftsbeziehun-
gen kommt die Motivation, die schwierige Anfangsphase meistern zu wollen, tatsächlich
häufig aus der bewußten oder unbewußten
Einsicht, daß sich die »Investition« für beide
Seiten früher oder später lohnen wird.

In Liebesbeziehungen ist es oft eine ganz
außergewöhnlich starke erotische Anziehung, *Erotik*
welche die großen Temperamentsunterschiede
vergessen läßt und vielen Auseinandersetzungen die Spitze nimmt. Verbindungen, die diese
Phase heil überstehen, haben gelernt, den anderen so zu nehmen, wie er ist, und die völlig
unterschiedliche Persönlichkeit des Partners
als Bereicherung und nicht als Manko aufzu-
fassen. Dort, wo sie ein gemeinsames Lebens-
konzept aufgebaut haben, ziehen sie an einem
Strang, und kaum jemand hat noch eine Chance, einen Keil zwischen die beiden zu treiben,
dafür haben sie sich die gemeinsame Basis
zu hart erarbeitet. Bei Themen hingegen, wo

die Persönlichkeits- und Temperamentsunterschiede unüberbrückbar sind, läßt man sich
gegenseitig so viel Freiraum, daß keiner den
anderen behindert.

*Herausfor-
derungen*

Stier-Wassermann-Verbindungen sind also
keine Partnerschaften, die so ohne weiteres
auf Anhieb problemlos »funktionieren«. Dafür
sind sie zur gegenseitigen Persönlichkeitsentwicklung um so nützlicher. Und ohne Herausforderungen gibt es nun einmal kein seelisches
Wachstum.

$$\text{♉ – ♓}$$

Stier – Fische

Dies ist eine der interessantesten Verbindungen zwischen zwei Tierkreiszeichen. Stier und
Fische sind ausreichend verschieden, um sich
nicht in die Quere zu kommen, und doch ähnlich genug, um hervorragend zusammenzu-
passen.

Die wenigen Stiere, die probieren, einen
Fische-Geborenen herumzukommandieren, geben diesen zum Scheitern verurteilten Versuch sehr bald wieder auf. Fische lassen sich
von jedem Vorschriften machen – um sie auf
der Stelle wieder zu vergessen. Wenn es ein
Tierkreiszeichen gibt, das gegen autoritäres
Auftreten und Sturheit bei anderen immun ist,
dann dieses.

*Manipu-
lation*

Stiere halten grundsätzlich nichts von raffi-
nierten Manipulationen – was einer nicht freiwillig tut, soll er eben lassen. Das mag nicht
unbedingt für das Berufsleben gelten, aber für
ihren persönlichen Umgang.

Was einen Fisch an einem Stier fasziniert, *Faszination*
ist der Charme der Unverblümtheit. Fische-
Geborene sind es gewohnt, mit charmanten
Lügen umzugehen, sie wissen, wie man sich
Menschen entzieht, die einem Schuldgefühle
einreden wollen, und sie können sich gegen
Erpressungen zur Wehr setzen. Wenn einer jedoch geradeheraus sagt, was er denkt und will,
sind sie erst einmal sprach- und anschließend
wehrlos. Nicht umsonst spricht man hier von
entwaffnender Offenheit. Viele Fische sind
von dieser Charaktereigenschaft des Stiers so
fasziniert, daß dies bereits ausreicht, um sich
in ihn zu verlieben. Der Stier schätzt am Fische-Geborenen wiederum das Außergewöhnliche und Exotische. Für Stiere sind Fische
wie Paradiesvögel in einer ansonsten grauen
Alltagswelt. Der Stier bewundert die Fähigkeit
des Fischs, sich gesellschaftlichen Konventionen zu entziehen, und er ist fasziniert von dessen Mut zum eigenen Stil. So verbindet diese
so verschiedenen Charaktere schon zweierlei:
die Abneigung gegen jede Form von Anpas-
sung und Unterdrückung und der Mut, auch
gegen äußeren Widerstand seinen eigenen Weg
zu gehen.

In Partnerschaften, die auf Dauer angelegt
sein sollen, ist es selten ein Problem, daß sich *Freiräume*
beide genügend Freiheiten einräumen, dies ist
für zwei so eigenständige Naturelle eine der
leichtesten Übungen. So manche erfolgverspre-
chende Partnerschaft ist allerdings schon daran gescheitert, daß der Fisch zu lange zau-
derte und sich weder zu einem klaren »Ja«
noch zu einem eindeutigen »Nein« durchrin-
gen konnte. Zwar kämpft der Stier engagiert

um sein Glück, doch seine Geduld währt nicht ewig. So hat es schon häufiger Fälle gegeben, in denen das lang ersehnte »Ja« des Fischs um einige Tage zu spät kam.

Paare dieser Konstellation sollten deshalb genau prüfen, ob sie beieinanderbleiben wollen, sich bei der Entscheidung jedoch nicht unnötig viel Zeit lassen. Sonst entscheiden sich die Dinge von allein, ohne daß dies immer im Sinne der Beteiligten wäre.

Was sonst noch zum Stier paßt

In diesem Kapitel sind Entsprechungen des Stier-Prinzips – sogenannte Analogien – zusammengestellt. Darunter versteht man in diesem Zusammenhang Ähnlichkeiten und Verwandtschaften, die sich einem Tierkreiszeichen zuordnen lassen, ohne daß sie ursächlich, also kausal, miteinander verbunden wären.

Entsprechungen

Wie können diese Analogien praktisch genutzt werden? Wenn Sie selbst ein Stier sind und die positiven Eigenschaften Ihres Tierkreiszeichens fördern und betonen wollen, können Sie unter den im folgenden aufgeführten Entsprechungen diejenigen aussuchen, die Ihnen besonders zusagen, und sie in Ihr Leben einbeziehen.

So können Sie zum Beispiel bevorzugt Kleidung in den Farben tragen, die Ihrem Tierkreiszeichen entsprechen. Sie können das Essen mit Gewürzen verfeinern, in Ihren Garten die Pflanzen setzen, an Orte in den Urlaub fahren, die Hobbys oder Berufe wählen, die zu Ihrem Tierkreiszeichen passen, und so weiter. Obwohl

ZODIACUS   CIRCULUS

Zodiacus cret

es sich hier nur um eine allgemeine Typologie handelt, werden Sie bald erstaunliche Wirkungen feststellen: Sie finden immer mehr zu sich selbst und entwickeln ein immer genaueres Gespür dafür, was zu Ihnen paßt, was Ihnen guttut und was Sie eher meiden sollten. Ihre Gesundheit und Ihr seelisches Gleichgewicht werden davon profitieren.

Selbst-findung

Wenn Sie einen Stier kennen und schätzen, kann Ihnen diese Liste zum Beispiel bei der Suche nach einem passenden Geschenk helfen. Wenn Ihr Kind ein Stier ist, können Sie Anregungen für den passenden Sportverein

Geschenke

finden und so fort. Der kreativen Phantasie sind hier kaum Grenzen gesetzt.

Farben: alle erdigen, bräunlichen Farben, Herbstfarben, Terrakotta, Grasgrün.

Geruch: lieblich-süß, blumig, erdig, angenehm.

Geschmack: kräftig, deftig, voll, süß, Karamel.

Signatur (Form und Gestalt): rund, bauchig, stämmig, untersetzt, fest, prall, geschlossen, in sich ruhend, wohlproportioniert, symmetrisch (zum Beispiel Korb, Sack, Hügel, Ball).

Pflanzen allgemein: buschförmig wachsende, üppige, oft fruchtbeladene Pflanzen, starke Wurzeln oder Knollen.

Bäume, Sträucher: Ulme, Eiche, Linde, Apfelbaum, Birnbaum, Flieder.

Gemüse, Obst: Kartoffeln, rote Rüben, alle Kohlarten, Feigen, Äpfel, Birnen, Pfirsiche, Artischocken.

Blumen: Tulpen, Dahlien, Dotterblumen, Maiglöckchen, Hortensien.

Gewürze: Zimt, Salbei, Sojasauce, Zucker.

Heilpflanzen *Heilpflanzen:* Ginseng, Haselwurz, Hirtentäschel, Salbei.

Tiere: allgemein eher Nutztiere, Pflanzenfresser, Tiere, die in der Gruppe leben, Hunde (Dackel, Basset, Boxer), Kühe, Rinder, Hummeln, Maikäfer, Marienkäfer, Hamster, Eichhörnchen, Meerschweinchen.

Materialien: Ton, Lehm, Kupfer, Erde.

Mineralien: Kupfer, Koralle, Smaragd, grüner Turmalin, Karneol.

Landschaften: kultiviertes Hügelland, Äcker, fruchtbarer, lehmiger Boden, Weiden, saftige, blumenübersäte Wiesen, gemäßigtes Klima (Oberbayern, Teile von Österreich).

Berufe: alle Berufe, die eine feste Grundlage *Beruf*
und Möglichkeiten zum Ausbau bieten sowie
eine überschaubare Zukunft:
Bankangestellter, Immobilienhändler, Bauun-
ternehmer; Finanzmakler, Börsenmakler, Fi-
nanzbeamter; Gastronom, Lebensmittelhänd-
ler oder -produzent, Bäcker, Koch; Bauer,
Gärtner, Landwirt; Juwelier, Goldschmied;
Antiquitätenhändler, Kunstsammler; Ange-
stellter in Museen, Bibliotheken; Archäologe,
Kunsthistoriker; Dekorateur, Kunstgewerbler;
Berufe in den Branchen Textil/Mode und Kos-
metik.
Randbemerkung: Obwohl dies nicht unbedingt zur Theorie dieses Tierkreiszeichens
paßt, ist es doch auffällig, wie viele Astrologen
unter dem Stier-Zeichen geboren wurden.
Hobbys, Sportarten: Sammeln; Töpfern, Malen, *Hobbys*
Schmuckherstellung; Volksmusik, Volkstänze;
Theaterbesuch, Musizieren/Gesang; Kegeln,
Fußball, alle Mannschaftssportarten.
Verkehrsmittel: Droschke, Kutsche, Dschun-
ke, Bus, Lkw, Traktor, Zugmaschine, Dampf-
walze.
Wohnstil: das Eigenheim auf eigenem Grund
und Boden mit Garten; rustikale, eher massi-
ve Möbel; üppige Ausstattung mit Dekorati-
onsgegenständen, Antiquitäten.
Wochentag: Freitag (Tag der Freyja, der »nor-
dischen Venus«).
Gesellschaftsform: Agrargesellschaft, Bauern-
stand (Seßhaftwerdung), Dorfgemeinschaft.
*Entsprechungen auf der Ebene des menschli-
chen Körpers:* Hals- und Nackenregion, Kehl-
kopf, Stimmbänder, Mund, Lippen, Zunge,
Mandeln, Halswirbel.

Krank- *Krankheiten allgemein:* Störungen im Gleich-
heiten gewicht zwischen Aufnahme und Abgabe,
Übergewicht, Magersucht; Störungen im Fort-
pflanzungsbereich; Halsschmerzen, Heiserkeit,
Angina; Zuckersucht und Zuckerkrankheit.
Zahlen: die 5 und ihre Vielfachen.

Ein typisches Stier-Märchen: Ellenlang, Meilenbreit und Feuerauge

Es war einmal ein König, der war Witwer. Er hatte nur einen einzigen Sohn, und den liebte er sehr. Eines Tages rief der König seinen Sohn zu sich und sprach zu ihm: »Mein Sohn, es ist an der Zeit, daß du heiratest.«

»Ach, lieber Vater«, erwiderte der Königssohn, »wie gern würde ich deinen Wunsch erfüllen, doch wie soll ich die rechte Braut finden.«

Darauf zog der König einen goldenen Schlüssel aus seiner Tasche, den gab er seinem Sohn und sagte: »Steige den Ostturm hinauf, und sieh dich dort um. Dann komm zu mir, und sage mir, was dir am besten gefallen hat.«

Der Prinz nahm den Schlüssel und ging in den Turm. Was dort sein mochte, wußte er nicht, denn nie zuvor war er im Ostturm gewesen. An Spinnweben vorbei stieg er unbeirrt bis zum Dachboden, der verschlossen war. Er schloß mit dem goldenen Schlüssel auf und trat in einen großen, runden Raum, dessen Decke war blau, und sie glitzerte von silbernen Sternen. Auf dem Boden lag ein tiefgrüner Teppich, der war aus Samt und Seide gewoben. Durch elf Fenster schien die Sonne, und auf jedes der Fenster war die Gestalt eines Mädchens gemalt. Das zwölfte Fenster aber war mit einem weißen Vorhang verhüllt.

Der Prinz ging von Bild zu Bild und konnte es nicht fassen – so schön waren die Mädchen. Sie hoben ihre Augen, folgten ihm mit ihren Blicken und lächelten ihm zu, doch sprachen sie kein Wort. Schließlich kam er vor das zwölfte Fenster. Er hob den Vorhang und sah das Bild eines Mädchens, so schön wie der volle Mond und so bleich wie eine Winterrose. Sie blickte ihn an und lächelte nicht, und ihre Augen waren traurig. Gebannt stand der Jüngling da, sah sie an und konnte nicht von ihr lassen, denn die Liebe hatte sein

Herz entflammt. Endlich rief er: »Du bist es, die meine Braut sein soll, und keine andere!«

Da blickte das Mädchen ihn sehnsüchtig an – und alle Bilder verschwanden. Der Königssohn verließ das Turmgemach, lief die Treppe hinunter zu seinem Vater. »Ich habe eine Braut gewählt!« sagte er. »Ich will das Mädchen zur Frau, das hinter einem Vorhang verborgen ist.«

Da war der alte König voller Sorge und sagte: »Du hast töricht gehandelt, mein Sohn. Was verborgen ist, sollte man nicht aufdecken. Du wirst nun großen Gefahren ausgesetzt sein, denn dieses Mädchen befindet sich in der Hand eines bösen Zauberers; in seiner Burg aus Eisen hält er sie gefangen. Schon viele tapfere Männer wollten sie befreien, keiner kehrte je wieder. Doch nun hast du dein Wort gegeben, und zu deinem Wort mußt du stehen. So gehe denn und nimm meinen Segen mit auf deinen Weg.«

Der Prinz umarmte seinen Vater, stieg auf sein Roß und zog aus, das Mädchen mit den traurigen Augen zu suchen. Nach einiger Zeit kam er in einen dunklen Wald. Dicht standen die Bäume, die Sonne war nicht mehr zu sehen, und er wußte nicht, wohin er ritt. Der Wald nahm kein Ende, und schon wollte er verzweifeln, als er eine Stimme hörte: »Halt, warte doch auf mich!« Der Königssohn drehte sich um und sah einen großen Mann, der rannte auf seinen bohnenstangenlangen Beinen hinter ihm her. »Ich bin der Ellenlang«, sagte der Mann, als er ihn eingeholt hatte. »Nimm mich in deinen Dienst, und du wirst es nicht bereuen, denn ich kann Dinge tun, die andere nicht können.« Da wurde der Königssohn neugierig und wollte wissen, was Ellenlang denn könne.

»Ich kann mich dehnen und lang werden, so hoch und lang, wie's mir beliebt. Siehst du das Nest dort auf der Fichte? Ich will es dir herunterholen.« Und Ellenlang dehnte sich und wuchs und wuchs und wuchs, bis er so hoch wie die Fichte war. Dann nahm er das Vogelnest und schrumpfte wieder im Handumdrehen.

»Das kannst du wirklich gut«, sagte der Prinz, »leider hilft mir das Vogelnest nicht weiter. Ich hab' mich verirrt. Könntest du mir nicht einen Weg aus dem Wald zeigen?«

»Nichts leichter als das«, erwiderte Ellenlang und dehnte und streckte sich hoch und hoch und hoch hinauf, bis er höher war als der höchste Baum im Wald. Dann sah er sich um und rief: »Nach Westen müssen wir uns halten.« Darauf schrumpfte er wieder zusammen und führte den Königssohn aus dem Wald hinaus.

Sie kamen zu einer weiten Ebene. Am Horizont ragten riesige graue Felsen wie die Mauern einer Stadt auf. »Ich sehe einen Freund« sagte Ellenlang. »Nimm ihn gleichfalls in deinen Dienst, du wirst es nicht bereuen. Wenn du möchtest, hole ich ihn herbei, denn er ist zu weit weg, um meine Stimme zu hören.«

Der Königssohn willigte ein, und Ellenlang streckte sich hoch, so hoch, daß sein Kopf in den Wolken verschwand. Er beugte sich herunter, und mit seinen langen Armen hob er seinen Freund in die Höhe und setzte ihn vor dem Prinzen nieder. Es war ein Mann so lang wie breit und so rund wie ein Faß.

Der Königssohn musterte ihn. »Wer bist du?« fragte er. »Und was kannst du?«

»Ich bin der Meilenbreit. Ich kann mich so breit und rund machen, daß nichts mehr Platz hat, wo ich bin.«

»Das will ich sehen.«

»So laufe in den Wald, so schnell du kannst, sonst wird mein Bauch dich erdrücken!«

Das aber sah der Prinz nicht ein. Doch als er Ellenlang auf seinen bohnenstangenlangen Beinen zum Wald flüchten sah, nahm er sein Pferd und lief ihm nach. Und Meilenbreit begann sich auszudehnen. Sein Bauch weitete sich und weitete sich, bis er ringsum alles bedeckte, soweit das Auge sah. Dann begann er wieder zu schrumpfen, und er schnaufte dabei so heftig, daß die Bäume bebten.

»Dich möchte ich wirklich nicht zum Feind haben«, sagte der Königssohn zu Meilenbreit. »Du bist der erste, vor dem ich das Weite gesucht habe.« Und er nahm Meilenbreit in seine Dienste.

Die drei zogen weiter, und als sie zu den hohen Felsen kamen, saß da ein kleiner Mann, der hatte seine beiden Augen mit Tüchern verbunden. »Willst du mich in deine Dienste nehmen?« fragte er den Prinzen.

»Du kannst gern mit uns kommen, aber als Blinder wirst du kaum hilfreich sein«, meinte dieser.

»Ich bin nicht blind, im Gegenteil«, sagte der Mann. »Auch durch die Tücher, die meine Augen bedecken, sehe ich dich noch so gut, wie du mich jetzt siehst. Ich werde Feuerauge genannt, denn ohne Binde dringen meine Augen durch jedes

Gestein, und was ich anblicke, fängt Feuer oder zerspringt in tausend Stücke. Doch laß mich zeigen, was ich kann.«

Und Feuerauge stand auf, stellte sich vor einen Fels, der den Weg versperrte, und nahm das Tuch von seinen Augen. Da begann der Fels zu krachen und zerbröckelte, bis nur noch ein Haufen Sand übrig war.

»Komm mit uns, ich will dich in meine Dienste aufnehmen«, sagte da der Königssohn. »Wenn du aber so scharf siehst, dann blick dich um, und sag mir, ob du die Eisenburg des Zauberers siehst.«

Feuerauge lüpfte sein Tuch ein wenig und sah sich um. »Ich sehe sie, weit fort ist sie noch, und ich kann auch in das Schloß hineinsehen. Dort sitzt eine Prinzessin in einem hohen Turm gefangen und weint.«

»Ach!« rief der Prinz. »Helft mir, dieses Mädchen zu befreien.« Und seine drei Freunde versprachen ihm ihre Hilfe.

Sie zogen weiter, und dank ihrer Künste kamen sie schnell voran. Die Felsen auf ihrem Weg sprengte Feuerauge, die Schluchten füllte Meilenbreit, und durch tiefe Flüsse und Schluchten trug sie Ellenlang. Als die Sonne unterging, standen sie gerade noch rechtzeitig vor der Burg des Zauberers, denn bei Sonnenuntergang wurde die Zugbrücke hochgezogen, und die Tore schlugen zu.

Ellenlang führte das Pferd in den Stall, in dem viele andere Pferde standen, doch sie waren alle aus Stein, und die vier Freunde betraten die eiserne Burg. In der Eingangshalle und in den Sälen, in allen Räumen und Gängen sahen sie viele Leute, doch keiner bewegte sich, denn sie waren alle zu Stein geworden. Schließlich kamen sie zu einem hell erleuchteten Saal, in dem sich niemand befand, aber ein Tisch war für vier Personen schön gedeckt, mit Früchten, Brot und Wein, und er sah so einladend aus, daß sie sich setzten und aßen und tranken.

Kaum waren sie mit dem Essen fertig, sprang die Tür auf, und der Zauberer und das Mädchen betraten den Saal. Er war

ein krumm gebeugter, uralter Mann, in einen schwarzen
Mantel gehüllt, der mit drei eisernen Ketten gegürtet war, und
sein grauer Bart hing ihm bis zu den Knien herab. Das
Mädchen, das er an seiner Hand geleitete, war so bleich wie
eine Winterrose, und ihre Augen waren traurig. Der Prinz er-
kannte das Mädchen sogleich. Voll Liebe sah er sie an und
konnte nicht von ihr lassen.

»Ich weiß, was dich hierherführt«, sagte der Zauberer mit
einem bösen Grinsen. »Du willst die Prinzessin holen. Nun
gut, wenn du sie drei Nächte lang bewachst und sie dir nicht
entkommt, so sollst du sie haben. Gelingt es dir aber nicht,
so werdet ihr alle vier zu Stein werden. Hast du mein stei-
nernes Gesinde gesehen? So wird es euch ergehen.« Wieder
grinste er tückisch und verließ den Saal.

Das Mädchen setzte sich an den Tisch, doch was auch
immer ihr der Prinz von seiner Liebe erzählte und wie er sie
gefunden, nichts konnte sie dazu bewegen, etwas zu sagen.
Sie sah nur still und traurig vor sich hin.

Schließlich rief der Königssohn: »Ich werde wachen, die
ganze Nacht, und Ihr werdet nicht vor meinen Augen ver-
schwinden!« Ellenlang streckte sich aus und legte sich rings
um den ganzen Raum, Meilenbreit blies sich auf und versperrte mit seinem riesigen Bauch die Tür, und Feuerauge
begab sich in der Mitte des Raums auf seinen Beobach-
tungsposten. So richteten sie sich ein, die Nacht zu durch-
wachen. Doch um Mitternacht drang ein leichter Hauch in
den Saal, und es fielen ihnen die Augen zu. Und derselbe
sanfte Hauch trug die Prinzessin fort.

Im Morgengrauen fuhr der Königssohn aus seinem Schlaf.
Das Mädchen war verschwunden! Bestürzt weckte er seine
Freunde und fragte sie um Rat. Der treue Feuerauge hatte
sie schnell entdeckt.

»Hundert Meilen von hier ist ein Wald, dort steht eine alte
Eiche, und auf dem höchsten Ast des Eichbaums wächst
eine Eichel. In dieser Eichel ist das Mädchen.«

Da nahm Ellenlang Feuerauge auf seine Schulter, und im

Handumdrehen hatten sie den Hin- und Rückweg bewältigt und die Eichel zurückgebracht.

»Wirf sie auf den Boden«, gebot Feuerauge dem Prinzen.

Der Königssohn ließ die Eichel fallen, und – welche Freude – da stand das schöne Mädchen! Jetzt waren auch die ersten Sonnenstrahlen zu sehen, und mit einem lauten Krachen sprang die Tür auf. Der Zauberer betrat mit höhnischem Grinsen den Saal. Als er das Mädchen an der Seite des Königssohns sah, wurde sein Gesicht zornesrot, und eine der drei eisernen Ketten um seinen Mantel zersprang. Er packte die Prinzessin bei der Hand und zerrte sie hinaus.

Der Tag verging. Seltsames hatte der Königssohn gesehen, während er durch die Burg schritt. Köche, über ihre Töpfe gebeugt, mit der Schöpfkelle in der Hand, eine Magd, zu Stein geworden beim Rupfen einer Gans, ein Ritter mit erhobenem Schwert, ein Diener, den mitten im Lauf der Bann getroffen hatte. Überall waren reglose Gestalten, von des Zauberers Fluch zu Stein erstarrt. Um die Burg herum der gleiche traurige Anblick. Bäume ohne Blätter, Wiesen ohne Gras, ein Fluß, der nicht floß. Nirgendwo eine Blume, kein Vogel sang.

Morgens, mittags und am Abend erschienen Speisen auf dem Tisch, von unsichtbaren Händen aufgetragen. Kaum hatten die vier Freunde ihr Abendmahl beendet, ging die Tür mit lautem Krachen auf, und der Zauberer erschien, das Mädchen an der Hand.

Die Freunde waren fest entschlossen, diesmal besser Wache zu halten. Doch es half nicht. Der warme Hauch drang herein, und im Nu fielen ihnen die Augen zu. Wie nun der Königssohn am nächsten Morgen erwachte, war das Mädchen wiederum verschwunden.

»Feuerauge, Feuerauge, wach auf!« rief er erschrocken. »Weißt du, wo die Prinzessin ist?«

Feuerauge lüpfte sein Tuch, sah sich um und sagte: »Zweihundert Meilen von hier steht ein Berg und darauf ein Fels, darin steckt ein Edelstein. Dieser Stein ist das Mädchen. Ellenlang soll mich hintragen. Und noch bevor die Sonne aufgeht, werden wir wieder dasein.«

Ellenlang setzte also Feuerauge auf seine Schulter und eilte davon. Zwanzig Meilen schaffte er mit jedem Schritt, und im Handumdrehen waren sie bei dem Berg angelangt. Nun hob Feuerauge seine Augenbinde, und der Fels zersprang in tausend Stücke. Da lag nun ein funkelnder Edelstein vor ihnen, den hob er auf, um ihn dem Prinzen zu geben. Ebenso schnell waren sie zurück, gerade als die Sonne aufging, und sie hörten schon von weitem das donnernde Lachen des Zauberers, der siegesgewiß herbeikam. Der Prinz warf den Edelstein eilends zu Boden, und das schöne Mädchen stand an seiner Seite. Als der Zauberer das Mädchen sah, kreischte er laut vor Wut, und die zweite seiner eisernen Ketten zersprang. Er packte das Mädchen an der Hand und zerrte es hinaus. Und noch lange hörte man sein Grollen.

Am Abend brachte er das Mädchen wieder herein. Seine Augen waren so kalt, daß es dem Königssohn graute.

»Du glaubst wohl, den Sieg schon in der Tasche zu haben«, sprach er drohend, »doch heute abend werden wir sehen, wer von uns beiden gewinnt.«

»Heute nacht werden wir gewiß nicht schlafen«, sagte der Prinz danach zornig zu seinen Freunden, »wir wollen zusammen wachen. Laßt uns auf und ab gehen und singen und tanzen!«

Das taten sie bis Mitternacht, da kam der sanfte, warme Hauch, schwer wurden ihre Schritte, und im Nu fielen ihnen die Augen zu. Und das Mädchen verschwand zum dritten Male.

In der Morgendämmerung fuhr der Königssohn aus seinem Schlaf: »Feuerauge, Feuerauge«, schrie er, »die Prinzessin ist wieder verschwunden. Sag mir, wo sie ist!«

Feuerauge sah sich um, sah hierhin und dorthin, und es dauerte eine Weile, bis er antwortete: »O mein Prinz, sie ist weit, weit fort von hier. Dreihundert Meilen hinter den Bergen liegt ein schwarzes Meer. Auf seinem Grund liegt eine kleine Muschel, und in der Muschel ist ein goldener Ring eingeschlossen. Dieser Ring ist das Mädchen. Dieses Mal hat sie der Zauberer wahrlich gut versteckt. Doch sei getrost, wir werden sie schon finden. Aber Meilenbreit müssen wir heute mitnehmen, wir werden seine Hilfe nötig brauchen.«

Ellenlang nahm Feuerauge auf die eine Schulter und Meilenbreit auf die andere und lief los. Mit jedem Schritt ließ er dreißig Meilen hinter sich. Als sie das schwarze Meer erreichten, zeigte Feuerauge die Stelle, an der die kleine Muschel lag, und Ellenlang streckte seinen Arm aus, lang und länger, und tastete und tastete, doch das Meer war so tief und die Muschel so klein, er konnte sie nicht finden.

»Laßt mich es versuchen, Freunde«, sagte da Meilenbreit. »Endlich kann ich auch etwas tun.«

Er blies sich auf und quoll auseinander, daß es kaum zu glauben war. Dann beugte er sich über das Meer und trank seinen riesigen Bauch voll. Und mit jedem Schluck wurde das Meer seichter, bis nichts mehr übrig war als schwarzer Sand. Mitten auf dem schwarzen Grund lag die kleine Muschel. Ellenlang nahm sie heraus, öffnete sie und holte den Ring hervor. Mit Riesenmeilenschritten eilte Ellenlang zur Burg zurück, den meereswasserschweren Meilenbreit auf seiner einen Schulter und Feuerauge auf der anderen. Seine Last drückte ihn schwer, und er kam nicht so schnell voran wie sonst. Der Morgen dämmerte schon, und bis zur Burg war es noch ein weiter, weiter Weg.

In der eisernen Burg wartete der Königssohn ruhelos auf seine Freunde. Auf und ab lief er, und der Himmel wurde immer heller, und noch waren sie nicht zu sehen. Beim ersten Sonnenstrahl sprang die Tür auf, und der Zauberer trat ein. Als er den Königssohn allein am Fenster stehen sah, lachte er so laut, daß ringsum die Mauern bebten. Schon hob er an: »Zu Stein sollst du …«, da zersprang das Fenster mit einem lauten Klirren, und der goldene Ring flog in einem Schwall von schwarzem Wasser herein auf den

Boden und verschwand. An seiner Stelle stand das Mädchen! Der treue Feuerauge hatte von weitem erspäht, in welch großer Gefahr sich der Prinz befand, Ellenlang hatte weit ausgeholt und mit all seiner Kraft den Ring geworfen, und Meilenbreit hatte Wasser ausgespuckt und so den Ring durch das Fenster gelenkt. Da brüllte der Zauberer aus Leibeskräften, daß die Schloßmauern zitterten und bebten; und »Peng!« ... zersprang die letzte Kette um seinen Bauch. Im Nu ward er in einen Raben verwandelt und flog durch den Saal und durch das zerborstene Fenster davon.

Da ging auch mit dem Mädchen eine Verwandlung vor ... Ihre Wangen wurden wieder rosig, und sie strahlte vor Glück. Innig dankte sie dem Prinzen, und er umarmte sie und küßte sie auf ihre wunderschönen Lippen. Nun war die Macht des Zauberers gebrochen. Im Schloß wurden alle wieder lebendig, die versteinerten Ritter, die Köche und Mägde, die Pferde in den Ställen. Die Bäume trieben neue Blätter, das Wasser begann zu fließen, die Blumen blühten, und die Vögel sangen ihr Lied. Alles jubelte dem Prinzen zu und dankte ihm. Er aber sagte: »Dankt nicht mir, dankt meinen getreuen Freunden. Ohne ihre Hilfe hätte auch ich euer Schicksal geteilt.«

Nun machten sie sich auf den Heimweg. Als sie in das Reich des Königs kamen, weinte der alte Mann vor Freude, denn er hatte die Hoffnung schon aufgegeben, seinen Sohn je wiederzusehen. Überall wurden Freudenfeuer angezündet, und zur Hochzeit wurde ein großes Fest vorbereitet. Boten ritten aus, um all die versteinerten Edelleute, die Diener und das Küchengesinde aus dem Schloß zum Festmahl einzuladen. Die Prinzessin strahlte wie die Sonne am Mittag, und der Prinz und sein Vater, der alte König, lachten fröhlicher als je zuvor in ihrem Leben.

Nach der Hochzeit traten Ellenlang, Meilenbreit und Feuerauge vor den Königssohn und reichten ihm die Hand zum Abschied. Der Prinz mochte bitten und drängen, wie er wollte, sie möchten doch für immer bei ihm bleiben, die drei ließen sich nicht überreden.

»Wir wollen hinausziehen in die Welt«, sprachen sie, »das müßige Leben ist nicht nach unserem Sinn. Es warten noch viele Aufgaben und Abenteuer auf uns!«

Es heißt, sie wandern noch immer durch die Welt, und wenn einer auszieht, seinen Traum zu verwirklichen, so mag er das Glück haben, sie zu finden, die treuen Gefährten Ellenlang, Meilenbreit und Feuerauge.

Aus: Helga Gelbert: *Die sieben Söhne*. Weinheim/Basel 1991. Das Märchen ist gekürzt und umgeschrieben.

»Gemeinsam sind wir stark!« ist das Motto des Stiers, und das wird in diesem Märchen eindrucksvoll symbolisch dargestellt. Keiner der vier Gefährten hätte die Aufgabe allein bewältigen können, die Prinzessin zu befreien, doch zusammen sind sie ein »unschlagbares Team«. Dieses Wissen ist im Stier verankert, und mit untrüglichem Instinkt – und manchmal einer Portion Glück (doch wer vermag das eine vom anderen immer so genau abzugrenzen?) – sucht und findet er die Menschen, die ihm bei seinen Zielen helfen. Ebenso ist er aber im Gegenzug dazu bereit, auch für die anderen einzustehen. Zusammenhalt, Treue und Verläßlichkeit sind herausragende Qualitäten dieses Zeichens, so, wie es uns Ellenlang, Meilenbreit und Feuerauge vorführen.

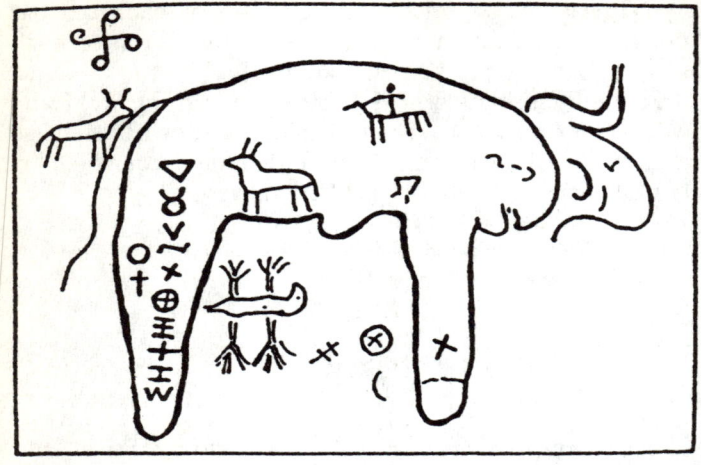

Die älteste bekannte Darstellung der Tierkreiszeichen
(ca. 10 000 v. Chr.).
Aus: L. Frobenius, H. Obermaier: Hadschra Maktouba (Kurt Wolf-
Verlag, München).

Anhang

Von wann bis wann ist man ein Stier?

Beginn des Stier-Zeichens

20.04.1920 um 10:39; 20.04.1921 um 16:32;
20.04.1922 um 22:28; 21.04.1923 um 04:05;
20.04.1924 um 09:58; 20.04.1925 um 15:51;
20.04.1926 um 21:36; 21.04.1927 um 03:32;
20.04.1928 um 09:17; 20.04.1929 um 15:10;
20.04.1930 um 21:06; 21.04.1931 um 02:40;
20.04.1932 um 08:28; 20.04.1933 um 14:18;
20.04.1934 um 20:00; 21.04.1935 um 01:50;
20.04.1936 um 07:31; 20.04.1937 um 13:19;
20.04.1938 um 19:15; 21.04.1939 um 00:55;
20.04.1940 um 06:51; 20.04.1941 um 12:50;
20.04.1942 um 18:39; 21.04.1943 um 00:31;
20.04.1944 um 06:18; 20.04.1945 um 12:07;
20.04.1946 um 18:02; 20.04.1947 um 23:39;
20.04.1948 um 05:25; 20.04.1949 um 11:17;
20.04.1950 um 16:59; 20.04.1951 um 22:48;
20.04.1952 um 04:37; 20.04.1953 um 10:25;
20.04.1954 um 16:19; 20.04.1955 um 21:58;
20.04.1956 um 03:43; 20.04.1957 um 09:41;
20.04.1958 um 15:27; 20.04.1959 um 21:16;
20.04.1960 um 03:06; 20.04.1961 um 08:55;
20.04.1962 um 14:51; 20.04.1963 um 20:36;
20.04.1964 um 02:27; 20.04.1965 um 08:26;
20.04.1966 um 14:12; 20.04.1967 um 19:55;
20.04.1968 um 01:41; 20.04.1969 um 07:27;
20.04.1970 um 13:15; 20.04.1971 um 18:54;
20.04.1972 um 00:37; 20.04.1973 um 06:30;
20.04.1974 um 12:19; 20.04.1975 um 18:07;
20.04.1976 um 00:03; 20.04.1977 um 05:57;

20.04.1978 um 11:50; 20.04.1979 um 17:35;
19.04.1980 um 23:23; 20.04.1981 um 05:19;
20.04.1982 um 11:08; 20.04.1983 um 16:50;
19.04.1984 um 22:38; 20.04.1985 um 04:26;
20.04.1986 um 10:12; 20.04.1987 um 15:58;
19.04.1988 um 21:45; 20.04.1989 um 03:39;
20.04.1990 um 09:27; 20.04.1991 um 15:08;
19.04.1992 um 20:57; 20.04.1993 um 02:49;
20.04.1994 um 08:36; 20.04.1995 um 14:22;
19.04.1996 um 20:10; 20.04.1997 um 02:03;
20.04.1998 um 07:57; 20.04.1999 um 13:46;
19.04.2000 um 19:40; 20.04.2001 um 01:36;
20.04.2002 um 07:21; 20.04.2003 um 13:03;
19.04.2004 um 18:50; 20.04.2005 um 00:37;
20.04.2006 um 06:26; 20.04.2007 um 12:07;
19.04.2008 um 17:51; 19.04.2009 um 23:44;
20.04.2010 um 05:30; 20.04.2011 um 11:17.
Alle Zeitangaben in mitteleuropäischer Zeit.

Ende des Stier-Zeichens

21.05.1920 um 10:22; 21.05.1921 um 16:17;
21.05.1922 um 22:10; 22.05.1923 um 03:45;
21.05.1924 um 09:40; 21.05.1925 um 15:33;
21.05.1926 um 21:14; 22.05.1927 um 03:08;
21.05.1928 um 08:52; 21.05.1929 um 14:48;
21.05.1930 um 20:42; 22.05.1931 um 02:15;
21.05.1932 um 08:06; 21.05.1933 um 13:57;
21.05.1934 um 19:35; 22.05.1935 um 01:25;
21.05.1936 um 07:07; 21.05.1937 um 12:57;
21.05.1938 um 18:50; 22.05.1939 um 00:27;
21.05.1940 um 06:23; 21.05.1941 um 12:23;
21.05.1942 um 18:09; 22.05.1943 um 00:03;
21.05.1944 um 05:51; 21.05.1945 um 11:40;
21.05.1946 um 17:34; 21.05.1947 um 23:09;
21.05.1948 um 04:58; 21.05.1949 um 10:51;
21.05.1950 um 16:27; 21.05.1951 um 22:15;

21.05.1952 um 04:04; 21.05.1953 um 09:53;
21.05.1954 um 15:47; 21.05.1955 um 21:24;
21.05.1956 um 03:12; 21.05.1957 um 09:10;
21.05.1958 um 14:51; 21.05.1959 um 20:42;
21.05.1960 um 02:33; 21.05.1961 um 08:22;
21.05.1962 um 14:16; 21.05.1963 um 19:58;
21.05.1964 um 01:50; 21.05.1965 um 07:50;
21.05.1966 um 13:32; 21.05.1967 um 19:18;
21.05.1968 um 01:06; 21.05.1969 um 06:50;
21.05.1970 um 12:37; 21.05.1971 um 18:15;
20.05.1972 um 23:59; 21.05.1973 um 05:54;
21.05.1974 um 11:36; 21.05.1975 um 17:24;
20.05.1976 um 23:21; 21.05.1977 um 05:14;
21.05.1978 um 11:08; 21.05.1979 um 16:54;
20.05.1980 um 22:42; 21.05.1981 um 04:39;
21.05.1982 um 10:23; 21.05.1983 um 16:06;
20.05.1984 um 21:58; 21.05.1985 um 03:43;
21.05.1986 um 09:28; 21.05.1987 um 15:10;
20.05.1988 um 20:57; 21.05.1989 um 02:54;
21.05.1990 um 08:37; 21.05.1991 um 14:20;
20.05.1992 um 20:12; 21.05.1993 um 02:02;
21.05.1994 um 07:49; 21.05.1995 um 13:34;
20.05.1996 um 19:23; 21.05.1997 um 01:18;
21.05.1998 um 07:06; 21.05.1999 um 12:53;
20.05.2000 um 18:50; 21.05.2001 um 00:44;
21.05.2002 um 06:29; 21.05.2003 um 12:12;
20.05.2004 um 17:59; 20.05.2005 um 23:47;
21.05.2006 um 05:32; 21.05.2007 um 11:12;
20.05.2008 um 17:01; 20.05.2009 um 22:51;
21.05.2010 um 04:34; 21.05.2011 um 10:21.
Alle Zeitangaben in mitteleuropäischer Zeit.

Lesebeispiel:

»20.04.1977 um 05:57«. Das heißt, am 20.04.
1977 trat die Sonne um 05:57 Uhr in das Tierkreiszeichen Stier. Wer nach 05:57 Uhr geboren

wurde, ist also bereits ein Stier, wer vor dieser
Zeit zur Welt kam, noch ein Widder.

Die Bestimmung des Mondzeichens

Die einfache Anwendung der Mond-Tabelle

1. Suchen Sie zuerst die Spalte mit Ihrem *Geburtstag.*
2. Suchen Sie die Zeile, in der sich das *Geburtsjahr* befindet.
3. Lesen Sie das Mondzeichen ab.
4. Steht hinter der gesuchten Jahreszahl in Klammern eine Uhrzeit, kann sich der Mond statt im angegebenen Zeichen auch im vorhergehenden befinden. Also statt im Widder auch in den Fischen, statt im Stier auch im Widder und so weiter.
5. Lesen Sie die Texte zu beiden Mondzeichen, um herauszufinden, welches besser auf Sie zutrifft.

Genaue Bestimmung des Mondzeichens

1. Suchen Sie zuerst die Spalte, in der Ihr Geburtstag steht.
2. Wählen Sie die Zeile, in welcher der Jahrgang steht.
3. Ist Ihr Jahrgang nicht dabei, versuchen Sie Ihr Glück in der folgenden Spalte Ihres Geburtsdatums.
4. Da der Mond auch innerhalb eines Tages das Tierkreiszeichen wechseln kann, steht hinter manchen Jahreszahlen in Klammern eine Uhrzeit. Diese gibt in mitteleuropäischer Zeit an, um wieviel Uhr der Mond in

das am Ende der Zeile angegebene Zeichen wechselt. Wurden Sie vor der betreffenden Uhrzeit geboren, steht Ihr Mond nicht im aufgeführten Tierkreiszeichen, sondern in dem vorhergehenden. Wenn Sie die Symbole der Tierkreiszeichen nicht kennen, schauen Sie einfach auf Seite 15 nach.

5. Falls Sie an einem Tag geboren wurden, an dem der Mond das Tierkreiszeichen wechselt und Ihre Geburtszeit weniger als eine Stunde von der Uhrzeit des Zeichenwechsels abweicht, sollten Sie in der Tabelle »Sommerzeiten« nachschauen, ob an Ihrem Geburtstag Sommerzeit war. Bei »normaler« Sommerzeit müssen Sie eine Stunde von Ihrer Geburtszeit abziehen, um die MEZ (mitteleuropäische Zeit) zu erhalten. Bei doppelter Sommerzeit, die es nur 1945 gab, müssen zwei Stunden abgezogen werden, ebenso bei der Hochsommerzeit 1947.

6. Wenn Sie Ihre Geburtszeit nicht kennen, lesen Sie entweder unter beiden Mondzeichen nach und versuchen herauszufinden, welcher Text besser auf Sie zutrifft, oder Sie wenden sich schriftlich (mit frankiertem Rückumschlag) an das Standesamt Ihres Geburtsorts. Hier bekommen Sie in aller Regel umgehend Ihre genaue Geburtszeit mitgeteilt.

Falls Ihnen das alles zu kompliziert vorkommt: Es ist sehr viel leichter, als es im ersten Moment scheint. Zur Veranschaulichung ein paar praktische Beispiele.

Nehmen wir an, wir wollen wissen, welches Mondzeichen ein Mensch hat, der am 26.04.1965 geboren wurde.

Suchen Sie das fettgedruckte Datum 26.04. Gehen Sie in dieser Rubrik nach unten zu dem Jahrgang 1965. In derselben Zeile finden Sie das Symbol für das Tierkreiszeichen Fische. Die Uhrzeit (03:02 Uhr) bedeutet, daß um diese Zeit der Mond in das Tierkreiszeichen Fische wechselte. Wer vor dieser Uhrzeit geboren wurde, hatte also noch einen Wassermannmond.

Sommerzeiten

14.03.1921 23 h – 26.10.21 0 h MEZ franz. Zone
25.03.1922 23 h – 08.10.22 0 h MEZ franz. Zone
26.05.1923 23 h – 07.10.23 0 h MEZ franz. Zone
29.03.1924 23 h – 05.10.24 0 h MEZ franz. Zone
04.04.1925 23 h – 04.10.25 0 h MEZ franz. Zone
17.04.1926 23 h – 03.10.26 0 h MEZ franz. Zone
09.04.1927 23 h MEZ statt GMT franz. Zone
01.04.1940 2 h – 02.11.42 3 h MES*
01.01.1941 0 h – 02.11.42 3 h MES
01.01.1942 2 h – 02.11.42 3 h MES
29.03.1943 2 h – 04.10.43 3 h MES
03.04.1944 2 h – 02.10.44 3 h MES
02.04.1945 2 h – 16.09.45 2 h MES
(1945: doppelte Sommerzeit vom 24.05. bis 24.09., im sowjetisch besetzten Teil Deutschlands einschließlich West-Berlins bis 18.11. Sommerzeit)
14.04.1946 2 h – 07.10.46 3 h MES
06.04.1947 3 h – 11.05.47 3 h MES
11.05.1947 3 h – 29.06.47 3 h MES + 1
(1947: Vorstellung gegen MEZ: 2 Stunden [Hochsommerzeit])
29.06.1947 3 h – 05.10.47 3 h MES
18.04.1948 2 h – 03.10.48 3 h MES
10.04.1949 2 h – 02.10.49 3 h MES
06.04.1980 2 h – 28.09.80 3 h MES

29.03.1981 2 h – 27.09.81 3 h MES
28.03.1982 2 h – 26.09.82 3 h MES
27.03.1983 2 h – 25.09.83 3 h MES
25.03.1984 2 h – 30.09.84 3 h MES
31.03.1985 2 h – 29.09.85 3 h MES
30.03.1986 2 h – 28.09.86 3 h MES
29.03.1987 2 h – 27.09.87 3 h MES
27.03.1988 2 h – 25.09.88 3 h MES
26.03.1989 2 h – 24.09.89 3 h MES
25.03.1990 2 h – 30.09.90 3 h MES
31.03.1991 2 h – 29.09.91 3 h MES
29.03.1992 2 h – 27.09.92 3 h MES
28.03.1993 2 h – 26.09.93 3 h MES
27.03.1994 2 h – 25.09.94 3 h MES
26.03.1995 2 h – 24.09.95 3 h MES
31.03.1996 2 h – 27.10.96 3 h MES
30.03.1997 2 h – 26.10.97 3 h MES
29.03.1998 2 h – 25.10.98 3 h MES
28.03.1999 2 h – 31.10.99 3 h MES**
26.03.2000 2 h – 29.10.00 3 h MES**
25.03.2001 2 h – 28.10.01 3 h MES**

---

* 1940 bis 1942 durchgehend
** voraussichtlich (Stand 1998)

GMT = Greenwich mean time (Greenwich-Zeit)
MES = mitteleuropäische Sommerzeit
MEZ = mitteleuropäische Zeit

Geburtsdatum/ Mondzeichen	Geburtsdatum/ Mondzeichen	Geburtsdatum/ Mondzeichen	Geburtsdatum/ Mondzeichen
19.04.	1972 (12:47) ♌	1937 ♍	1994 (10:58) ♍
1980 (16:11) ♋	1973 (07:02) ♐	1938 ♑	1995 ♑
1984 ♐	1974 (01:20) ♈	1939 ♉	1996 ♊
1988 ♊	1975 ♌	1940 ♎	1997 ♎
1992 (15:40) ♐	1976 ♑	1941 (02:07) ♓	1998 ♒
1996 ♉	1977 ♉	1942 (01:10) ♋	1999 ♋
2000 ♏	1978 (19:53) ♎	1943 ♏	2000 (05:58) ♐
2004 (14:42) ♑	1979 ♒	1944 ♈	2001 (01:18) ♈
2008 ♎	1980 ♋	1945 (21:03) ♍	2002 ♌
2009 ♒	1981 ♏	1946 (21:28) ♑	2003 (03:20) ♑
20.04.	1982 ♓	1947 (04:56) ♉	2004 ♉
1920 ♉	1983 (10:26) ♌	1948 (06:16) ♎	2005 (20:27) ♎
1921 (01:24) ♎	1984 (10:10) ♌	1949 ♒	2006 (02:56) ♒
1922 ♒	1985 (06:12) ♉	1950 ♊	2007 (18:50) ♏
1924 ♏	1986 (01:24) ♍	1951 (20:55) ♏	2008 ♏
1925 (16:45) ♈	1987 (22:45) ♒	1952 (20:56) ♏	2009 ♓
1926 (02:07) ♌	1988 ♊	1953 (00:27) ♌	2010 (16:42) ♌
1928 (06:36) ♉	1989 ♎	1954 ♐	**22.04.**
1929 ♍	1990 (18:57) ♓	1955 ♈	1920 ♊
1930 (22:58) ♒	1991 ♋	1956 ♍	1921 (05:54) ♏
1932 (21:33) ♏	1992 ♐	1957 (20:54) ♒	1922 ♓
1933 ♓	1993 ♈	1958 (19:03) ♏	1923 ♋
1934 ♋	1994 ♌	1959 (02:19) ♎	1924 ♐
1936 ♈	1995 ♊	1960 ♓	1925 (23:00) ♉
1937 (09:16) ♍	1996 (10:54) ♊	1961 ♏	1926 (14:59) ♑
1938 (04:31) ♑	1997 (05:36) ♎	1962 ♏	1927 (09:35) ♊
1940 (02:23) ♎	1998 ♒	1963 (17:30) ♈	1928 (06:09) ♊
1941 ♒	1999 (12:27) ♋	1964 (12:17) ♍	1929 ♎
1942 ♊	2000 ♏	1965 (02:24) ♑	1930 ♒
1944 (16:35) ♈	2001 ♓	1966 ♉	1931 ♊
1945 ♌	2002 (13:21) ♌	1967 ♍	1932 (20:57) ♐
1946 ♐	2003 ♐	1968 ♒	1933 (01:14) ♈
1947 ♈	2004 ♉	1969 (23:17) ♏	1934 ♌
1948 ♍	2005 ♍	1970 (15:15) ♏	1935 ♐
1949 (04:59) ♒	2006 ♑	1971 ♓	1936 ♉
1950 (04:54) ♊	2007 ♐	1972 ♌	1937 (18:51) ♍
1951 ♎	2008 (10:00) ♏	1973 ♐	1938 (17:11) ♒
1952 ♓	2009 (06:55) ♓	1974 ♈	1939 (02:16) ♊
1953 ♐	2010 ♋	1975 (10:42) ♒	1940 (02:33) ♏
1954 (23:55) ♐	**21.04.**	1976 (05:47) ♒	1941 ♓
1955 (10:29) ♈	1920 (02:14) ♊	1977 (03:37) ♊	1942 ♋
1956 (07:17) ♍	1921 ♎	1978 ♎	1943 (16:56) ♐
1957 ♑	1922 (17:44) ♓	1979 (23:41) ♓	1944 (17:28) ♉
1958 ♉	1923 (16:28) ♑	1980 (23:52) ♌	1945 ♍
1959 ♉	1924 (16:04) ♐	1981 (23:15) ♐	1946 ♑
1960 (20:55) ♓	1925 ♈	1982 (13:23) ♈	1947 ♉
1961 (05:50) ♋	1926 ♌	1983 ♌	1948 ♍
1962 (02:37) ♏	1927 ♐	1984 ♑	1949 (16:08) ♓
1963 ♓	1928 ♉	1985 ♉	1950 (17:02) ♋
1964 ♌	1929 (08:13) ♎	1986 ♍	1951 ♏
1965 ♐	1930 ♒	1987 ♒	1952 ♈
1966 (21:00) ♉	1931 ♊	1988 (05:04) ♋	1953 ♌
1967 (06:43) ♍	1932 ♏	1989 (02:13) ♏	1954 ♐
1968 ♒	1933 ♓	1990 ♓	1955 (11:29) ♉
1969 ♊	1934 (20:10) ♌	1991 (12:04) ♌	1956 (11:36) ♎
1970 ♎	1935 (10:06) ♐	1992 ♐	1957 ♒
1971 (21:08) ♓	1936 (11:37) ♉	1993 (21:08) ♉	1958 ♊

Geburtsdatum/		Mondzeichen
1959		♎
1960		♓
1961	(17:43)	♌
1962	(12:27)	♐
1963		♈
1964		♍
1965		♑
1966		♉
1967	(07:41)	♎
1968	(03:46)	♓
1969		♋
1970		♏
1971	(22:08)	♈
1972	(21:24)	♍
1973	(19:49)	♑
1974	(07:53)	♉
1975		♍
1976		♒
1977		♊
1978		♎
1979		♓
1980		♌
1981		♐
1982		♈
1983	(13:12)	♍
1984	(19:27)	♒
1985	(19:00)	♊
1986	(05:50)	♎
1987		♒
1988		♋
1989		♏
1990	(21:58)	♈
1991		♌
1992	(00:41)	♑
1993		♉
1994		♒
1995	(01:38)	♋
1996	(21:25)	♋
1997	(16:19)	♏
1998	(02:06)	♓
1999	(16:06)	♌
2000		♐
2001		♈
2002	(16:35)	♍
2003		♑
2004	(02:10)	♊
2005		♎
2006		♒
2007		♋
2008	(22:07)	♐
2009	(15:09)	♈
2010		♌
23.04.		
1920	(03:22)	♋
1921		♏
1922		♓
1923		♋

Geburtsdatum/		Mondzeichen
1924	(16:33)	♑
1925		♉
1926		♍
1927		♑
1928		♊
1929	(16:34)	♏
1930	(11:23)	♓
1931	(01:42)	♋
1932		♐
1933		♈
1934		♌
1935	(16:13)	♑
1936	(11:37)	♊
1937		♎
1938		♒
1939		♊
1940		♏
1941	(13:34)	♈
1942	(13:22)	♌
1943		♐
1944		♉
1945		♑
1946		♑
1947	(07:27)	♊
1948	(08:49)	♏
1949		♓
1950		♋
1951	(21:40)	♐
1952		♈
1953	(12:53)	♍
1954	(11:11)	♑
1955		♉
1956		♒
1957		♒
1958		♊
1959	(02:34)	♏
1960	(03:23)	♈
1961		♌
1962		♐
1963	(16:51)	♉
1964	(20:08)	♎
1965	(15:04)	♒
1966	(05:27)	♊
1967		♎
1968		♓
1969		♋
1970	(21:15)	♐
1971		♈
1972		♍
1973		♑
1974		♉
1975	(11:41)	♎
1976	(15:28)	♓
1977	(16:25)	♋
1978	(00:39)	♏
1979		♓
1980		♌

Geburtsdatum/		Mondzeichen
1981		♐
1982	(15:59)	♍
1983		♍
1984		♒
1985		♒
1986		♎
1987	(02:02)	♓
1988	(15:34)	♌
1989	(13:38)	♐
1990		♈
1991	(16:29)	♍
1992		♑
1993		♉
1994	(12:40)	♒
1995		♒
1996		♋
1997		♏
1998		♓
1999		♌
2000	(17:47)	♑
2001	(09:56)	♉
2002		♍
2003	(07:58)	♒
2004		♊
2005		♎
2006	(05:43)	♓
2007		♋
2008		♐
2009		♈
2010	(19:24)	♍
24.04.		
1920		♋
1921	(12:45)	♐
1922	(06:37)	♈
1923	(00:51)	♌
1924		♉
1925		♉
1926		♍
1927	(16:43)	♎
1928	(07:14)	♋
1929		♏
1930		♓
1931		♋
1932	(22:15)	♑
1933	(11:31)	♉
1934	(08:20)	♍
1935		♑
1936		♊
1937		♎
1938		♒
1939	(06:43)	♋
1940	(03:48)	♐
1941		♈
1942		♌
1943	(19:39)	♑
1944	(19:59)	♊
1945	(09:15)	♎

Geburtsdatum/		Mondzeichen
1946	(08:56)	♒
1947		♊
1948		♏
1949		♓
1950		♋
1951		♐
1952	(01:15)	♉
1953		♍
1954		♑
1955	(11:24)	♊
1956	(17:44)	♏
1957	(09:23)	♓
1958	(04:46)	♋
1959		♏
1960		♈
1961		♌
1962	(20:20)	♑
1963		♉
1964		♎
1965		♒
1966		♊
1967	(07:19)	♏
1968	(13:32)	♈
1969	(11:51)	♌
1970		♐
1971	(22:06)	♉
1972		♍
1973		♑
1974	(12:11)	♊
1975		♎
1976		♓
1977		♋
1978		♏
1979	(01:51)	♈
1980	(11:12)	♍
1981	(11:31)	♉
1982		♉
1983	(16:04)	♎
1984		♒
1985		♊
1986	(07:15)	♏
1987		♓
1988		♌
1989		♐
1990	(22:03)	♉
1991		♍
1992	(12:38)	♒
1993	(07:27)	♊
1994		♎
1995	(06:51)	♓
1996		♋
1997		♏
1998	(03:31)	♈
1999	(23:04)	♍
2000		♑
2001		♉
2002	(17:22)	♎

Geburtsdatum	Mondzeichen	Geburtsdatum	Mondzeichen	Geburtsdatum	Mondzeichen	Geburtsdatum	Mondzeichen
2003	♒	1968	♈	1933 (23:18)	♊	1990 (21:12)	♊
2004 (14:56)	♋	1969	♌	1934 (17:32)	♋	1991	♎
2005 (03:25)	♏	1970	♐	1935	♒	1992	♒
2006	♓	1971	♉	1936	♋	1993 (15:45)	♋
2007 (00:38)	♐	1972 (08:34)	♍	1937	♏	1994	♏
2008	♐	1973 (08:21)	♎	1938	♓	1995 (14:41)	♈
2009 (19:46)	♉	1974	♊	1939 (09:55)	♌	1996	♌
2010	♍	1975 (12:39)	♏	1940 (07:49)	♉	1997	
25.04.		1976	♓	1941 (02:23)	♉	1998 (03:09)	♉
1920 (05:48)	♐	1977	♋	1942	♒	1999	♍
1921	♐	1978 (03:00)	♐	1943 (22:21)	♒	2000 (06:42)	♒
1922	♈	1979	♈	1944	♊	2001	♊
1923	♌	1980	♍	1945 (21:52)	♓	2002 (17:15)	♎
1924 (19:30)	♒	1981	♑	1946 (16:54)	♓	2003	♓
1925 (07:33)	♊	1982 (16:48)	♊	1947	♋	2004	♋
1926 (02:52)	♊	1983	♎	1948	♐	2005 (07:46)	♈
1927	♒	1984 (07:26)	♓	1949	♈	2006	♈
1928	♋	1985 (06:26)	♋	1950	♌	2007 (10:24)	♍
1929	♏	1986	♏	1951		2008	♍
1930 (22:10)	♈	1987 (06:41)	♈	1952 (07:40)	♊	2009 (22:02)	♊
1931 (07:04)	♌	1988	♌	1953 (01:40)	♏	2010	♎
1932	♑	1989 (23:15)	♑	1954	♒	**27.04.**	
1933	♉	1990	♉	1955 (12:09)	♋	1920 (10:21)	♍
1934	♍	1991 (22:36)	♎	1956	♋	1921	♑
1935 (20:43)	♒	1992	♒	1957 (21:22)	♈	1922	♍
1936 (14:22)	♋	1993	♊	1958 (11:44)	♌	1923	♍
1937 (06:21)	♏	1994 (12:18)	♏	1959	♐	1924	♒
1938 (03:53)	♓	1995	♓	1960	♉	1925 (18:45)	♏
1939	♋	1996 (09:44)	♌	1961	♍	1926 (12:19)	♏
1940	♐	1997 (00:32)	♐	1962	♑	1927	♐
1941	♈	1998	♈	1963	♊	1928	♌
1942 (23:02)	♍	1999	♍	1964 (06:01)	♏	1929	♐
1943	♍	2000	♑	1965 (03:02)	♓	1930	♈
1944	♊	2001 (16:11)	♊	1966	♓	1931 (10:10)	♍
1945	♎	2002	♎	1967 (07:27)	♐	1932 (03:04)	♒
1946	♒	2003 (16:02)	♓	1968	♈	1933	♊
1947 (09:22)	♋	2004	♋	1969 (22:57)	♍	1934	♎
1948 (13:31)	♐	2005	♏	1970 (01:26)	♑	1935 (23:40)	♓
1949 (05:01)	♈	2006 (07:12)	♈	1971 (22:58)	♊	1936 (21:03)	♌
1950 (02:57)	♌	2007	♌	1972	♎	1937 (19:05)	♐
1951 (22:19)	♑	2008 (10:47)	♑	1973	♒	1938 (11:08)	♈
1952	♉	2009	♑	1974 (15:17)	♒	1939	♌
1953	♍	2010 (21:16)	♎	1975	♏	1940	♑
1954 (20:02)	♒	**26.04.**		1976 (03:37)	♈	1941	♍
1955	♊	1920	♌	1977 (03:43)	♐	1942	♍
1956	♏	1921 (22:27)	♑	1978	♐	1943	♒
1957	♓	1922 (18:08)	♍	1979 (04:27)	♉	1944 (01:49)	♋
1958	♋	1923 (05:56)	♍	1980	♒	1945	♏
1959 (01:59)	♐	1924	♒	1981 (21:57)	♒	1946	♓
1960 (11:51)	♉	1925	♊	1982	♊	1947 (11:44)	♑
1961 (06:31)	♍	1926	♎	1983 (20:04)	♏	1948 (21:21)	♑
1962	♑	1927 (20:37)	♓	1984	♓	1949 (17:41)	♈
1963 (16:06)	♊	1928 (11:12)	♌	1985	♈	1950 (09:30)	♑
1964	♎	1929 (03:16)	♐	1986 (07:16)	♐	1951	♑
1965	♒	1930	♈	1987	♈	1952	♊
1966 (11:48)	♋	1931	♌	1988 (04:16)	♍	1953	♒
1967	♏	1932	♑	1989	♑	1954	

Geburtsdatum/ Mondzeichen		Geburtsdatum/ Mondzeichen		Geburtsdatum/ Mondzeichen		Geburtsdatum/ Mondzeichen	
1955	♋	1920	♍	1977 (11:52)	♍	1942	♎
1956 (02:25)	♐	1921	♑	1978	♑	1943 (01:36)	♓
1957	♈	1922	♉	1979 (08:48)	♊	1944 (11:36)	♌
1958	♌	1923 (07:48)	♎	1980	♎	1945 (09:56)	♐
1959 (02:32)	♑	1924 (01:39)	♓	1981	♒	1946	♈
1960 (22:16)	♊	1925	♋	1982	♋	1947 (15:15)	♍
1961 (17:34)	♎	1926	♏	1983	♏	1948	♑
1962 (02:08)	♒	1927 (21:43)	♈	1984	♈	1949	♉
1963 (17:27)	♋	1928 (18:28)	♍	1985	♌	1950 (12:25)	♎
1964	♏	1929 (15:43)	♑	1986 (07:41)	♑	1951	♒
1965	♓	1930 (06:08)	♉	1987	♉	1952	♋
1966 (16:09)	♌	1931	♍	1988 (16:37)	♎	1953	♏
1967	♓	1932	♒	1989 (06:33)	♒	1954	♓
1968 (01:22)	♉	1933	♊	1990 (21:39)	♋	1955	♌
1969	♍	1934 (23:07)	♏	1991 (06:34)	♏	1956 (13:44)	♑
1970	♑	1935	♓	1992	♓	1957 (07:18)	♉
1971	♊	1936	♌	1993 (21:39)	♌	1958	♍
1972 (20:56)	♏	1937	♐	1994	♐	1959 (05:55)	♒
1973 (18:10)	♓	1938	♈	1995	♈	1960	♊
1974	♋	1939 (12:26)	♍	1996	♍	1961	♎
1975 (15:20)	♐	1940 (15:39)	♒	1997	♑	1962 (05:40)	♓
1976	♈	1941 (15:11)	♊	1998 (02:55)	♊	1963 (22:25)	♌
1977	♌	1942 (04:50)	♎	1999	♎	1964	♐
1978 (04:27)	♑	1943	♒	2000 (18:06)	♓	1965	♈
1979	♉	1944	♋	2001	♋	1966 (18:50)	♍
1980 (00:09)	♎	1945	♏	2002 (18:13)	♐	1967	♑
1981	♒	1946 (20:46)	♈	2003 (02:54)	♈	1968 (14:11)	♊
1982 (17:43)	♋	1947	♌	2004	♌	1969 (06:44)	♎
1983	♏	1948	♑	2005 (10:32)	♑	1970	♒
1984 (20:03)	♈	1949	♉	2006	♉	1971 (02:43)	♋
1985 (15:10)	♌	1950	♍	2007 (22:45)	♎	1972	♏
1986	♐	1951 (00:32)	♒	2008	♒	1973 (23:53)	♈
1987 (13:06)	♉	1952 (17:06)	♋	2009 (23:38)	♏	1974	♌
1988	♍	1953 (12:52)	♏	2010	♏	1975 (21:08)	♑
1989	♑	1954 (01:21)	♓	**29.04.**		1976	♉
1990	♊	1955 (15:08)	♌	1920 (17:18)	♎	1977	♍
1991	♎	1956	♐	1921 (10:26)	♒	1978 (06:28)	♒
1992 (01:20)	♓	1957	♈	1922 (03:19)	♊	1979	♊
1993	♋	1958 (15:40)	♍	1923	♎	1980 (12:35)	♓
1994 (11:48)	♐	1959	♑	1924	♓	1981 (04:56)	♓
1995	♈	1960	♊	1925	♋	1982 (20:09)	♌
1996 (21:49)	♍	1961	♎	1926 (19:19)	♐	1983 (02:28)	♐
1997 (06:32)	♑	1962	♒	1927	♈	1984	♈
1998	♉	1963	♒	1928	♍	1985 (20:24)	♍
1999 (08:46)	♎	1964 (17:46)	♐	1929	♑	1986	♑
2000	♒	1965 (12:12)	♈	1930	♉	1987 (21:43)	♊
2001 (20:49)	♍	1966	♌	1931 (11:35)	♍	1988	♎
2002	♏	1967 (09:54)	♑	1932 (11:55)	♓	1989	♒
2003	♓	1968	♉	1933 (11:58)	♋	1990	♋
2004 (03:14)	♌	1969	♍	1934	♏	1991	♋
2005	♐	1970 (04:43)	♒	1935	♓	1992 (12:13)	♈
2006 (08:27)	♉	1971	♊	1936	♌	1993	♌
2007	♑	1972	♏	1937	♐	1994 (13:05)	♐
2008 (22:27)	♒	1973	♓	1938 (15:02)	♉	1995 (00:53)	♉
2009	♊	1974 (18:03)	♌	1939	♍	1996	♍
2010 (23:28)	♏	1975	♐	1940	♒	1997 (10:50)	♑
28.04.		1976 (16:37)	♉	1941	♊	1998	♊

Geburtsdatum/ Mondzeichen			Geburtsdatum/ Mondzeichen			Geburtsdatum/ Mondzeichen			Geburtsdatum/ Mondzeichen		
1999	(20:13)	♏	1964		♐	1929	(04:19)	♒	1986		♒
2000		♓	1965	(18:04)	♉	1930		♊	1987		♊
2001		♋	1966		♍	1931	(12:26)	♏	1988	(02:39)	♏
2002		♐	1967	(15:57)	♒	1932	(23:46)	♈	1989		♓
2003		♈	1968		♊	1933		♋	1990	(01:08)	♐
2004	(13:00)	♍	1969		♎	1934	(02:02)	♐	1991		♐
2005		♑	1970	(07:37)	♓	1935		♈	1992	(20:09)	♈
2006	(10:58)	♊	1971		♋	1936		♍	1993	(01:00)	♍
2007		♎	1972	(09:31)	♐	1937		♑	1994	(17:34)	♒
2008		♒	1973		♈	1938	(16:45)	♊	1995	(12:53)	♊
2009		♋	1974	(21:00)	♍	1939		♎	1996		♎
2010		♏	1975		♑	1940	(02:56)	♓	1997	(13:50)	♓
30.04.			1976		♉	1941	(02:56)	♋	1998		♋
1920		♎	1977	(16:13)	♎	1942		♏	1999		♏
1921		♒	1978		♒	1943	(05:39)	♈	2000	(01:55)	♈
1922		♊	1979	(16:11)	♏	1944		♌	2001		♌
1923	(07:32)	♏	1980		♏	1945	(20:40)	♑	2002		♑
1924	(10:39)	♈	1981		♓	1946		♉	2003		♉
1925	(07:37)	♌	1982		♌	1947	(20:24)	♎	2004	(19:03)	♎
1926		♐	1983		♐	1948		♒	2005		♒
1927	(21:28)	♉	1984	(07:30)	♉	1949		♊	2006	(16:17)	♊
1928		♍	1985		♍	1950	(12:37)	♏	2007	(11:41)	♏
1929		♑	1986	(10:06)	♒	1951		♓	2008		♓
1930	(11:26)	♊	1987		♊	1952	(05:12)	♌	2009	(01:56)	♐
1931		♎	1988		♎	1953		♐	2010		♐
1932		♓	1989	(11:03)	♓	1954		♈	**02.05.**		
1933		♋	1990		♋	1955		♍	1920	(02:37)	♏
1934		♏	1991	(16:42)	♐	1956		♑	1921		♓
1935	(01:26)	♈	1992		♈	1957	(14:47)	♊	1922		♋
1936	(07:22)	♍	1993		♌	1958		♌	1923	(06:59)	♉
1937	(07:56)	♑	1994		♑	1959	(12:58)	♓	1924	(21:37)	♍
1938		♉	1995		♉	1960		♋	1925	(19:38)	♏
1939	(15:02)	♒	1996	(07:27)	♎	1961		♏	1926	(00:32)	♉
1940		♒	1997		♒	1962	(07:12)	♈	1927	(21:52)	♊
1941		♊	1998	(04:57)	♋	1963		♌	1928		♋
1942	(06:59)	♈	1999		♏	1964	(06:42)	♑	1929		♒
1943		♓	2000		♓	1965		♉	1930	(14:54)	♋
1944		♌	2001	(00:25)	♉	1966	(20:31)	♎	1931		♐
1945		♐	2002	(22:03)	♑	1967		♒	1932		♈
1946	(21:31)	♉	2003	(15:26)	♉	1968		♊	1933	(00:06)	♌
1947		♍	2004		♍	1969	(10:50)	♏	1934		♐
1948	(08:16)	♒	2005	(12:54)	♒	1970		♓	1935	(03:09)	♎
1949	(04:48)	♊	2006		♊	1971	(10:34)	♌	1936	(19:43)	♎
1950		♋	2007		♎	1972		♐	1937	(19:08)	♊
1951	(05:13)	♓	2008	(07:11)	♓	1973		♈	1938		♊
1952		♋	2009		♋	1974		♍	1939	(18:36)	♏
1953	(21:52)	♑	2010	(03:36)	♐	1975		♐	1940		♓
1954	(03:09)	♈	**01.05.**			1976	(05:05)	♊	1941		♋
1955	(20:58)	♍	1920		♎	1977		♎	1942	(07:03)	♐
1956		♑	1921	(22:46)	♓	1978	(10:00)	♓	1943		♈
1957		♉	1922	(10:12)	♋	1979		♒	1944	(00:04)	♍
1958	(17:06)	♎	1923		♏	1980	(23:22)	♐	1945		♑
1959		♒	1924		♈	1981	(07:57)	♈	1946	(21:03)	♎
1960	(10:22)	♐	1925		♌	1982		♌	1947		♎
1961	(01:27)	♏	1926		♐	1983	(12:01)	♑	1948	(20:44)	♓
1962		♓	1927		♉	1984		♉	1949	(13:43)	♎
1963		♌	1928	(04:36)	♎	1985	(22:22)	♎	1950		♏

Geburtsdatum/ Mondzeichen			Geburtsdatum/ Mondzeichen			Geburtsdatum/ Mondzeichen			Geburtsdatum/ Mondzeichen		
1951	(12:26)	♈	2008	(11:51)	♈	1973		♉	1938		♋
1952		♌	2009		♌	1974	(00:39)	♎	1939		♏
1953		♐	2010	(11:00)	♑	1975		♒	1940		♈
1954	(02:43)	♉	**03.05.**			1976	(15:53)	♋	1941		♌
1955		♍	1920		♏	1977		♏	1942	(07:04)	♑
1956	(02:27)	♒	1921		♓	1978	(15:27)	♈	1943		♉
1957		♊	1922	(15:05)	♈	1979	(02:56)	♌	1944	(12:40)	♉
1958	(17:14)	♏	1923		♐	1980		♐	1945	(05:06)	♒
1959		♓	1924		♉	1981	(07:59)	♉	1946	(21:23)	♋
1960	(22:59)	♌	1925		♍	1982		♍	1947	(03:35)	♏
1961	(06:25)	♐	1926		♑	1983		♑	1948		♓
1962		♈	1927		♊	1984		♊	1949	(20:11)	♌
1963	(07:13)	♍	1928	(16:38)	♏	1985	(22:17)	♏	1950		♐
1964		♑	1929	(14:51)	♓	1986		♓	1951	(21:47)	♉
1965	(21:26)	♊	1930		♋	1987		♋	1952		♍
1966		♏	1931	(14:14)	♒	1988	(09:52)	♒	1953		♑
1967		♒	1932		♈	1989		♈	1954	(02:06)	♊
1968	(02:50)	♋	1933		♌	1990	(08:18)	♍	1955		♎
1969		♏	1934	(03:53)	♑	1991	(04:54)	♑	1956	(14:15)	♓
1970	(10:32)	♈	1935		♉	1992		♉	1957		♋
1971		♌	1936		♎	1993	(02:20)	♎	1958	(17:43)	♐
1972	(21:29)	♑	1937		♒	1994		♒	1959		♈
1973	(02:01)	♉	1938	(17:50)	♋	1995		♊	1960		♌
1974		♍	1939		♏	1996		♏	1961	(09:39)	♑
1975	(06:34)	♒	1940	(15:52)	♈	1997	(15:59)	♈	1962		♉
1976		♊	1941	(12:34)	♌	1998		♌	1963	(18:42)	♎
1977	(17:24)	♏	1942		♐	1999		♐	1964		♒
1978		♓	1943	(10:57)	♉	2000	(05:54)	♉	1965	(23:39)	♋
1979		♋	1944		♍	2001		♍	1966		♏
1980		♐	1945		♑	2002	(05:43)	♑	1967		♓
1981		♈	1946		♊	2003	(04:27)	♊	1968	(13:54)	♌
1982	(00:45)	♍	1947		♎	2004	(21:39)	♏	1969		♐
1983		♑	1948		♓	2005		♓	1970	(14:05)	♉
1984	(17:02)	♊	1949		♋	2006		♋	1971		♍
1985		♎	1950	(11:50)	♐	2007	(23:48)	♐	1972		♑
1986	(15:30)	♓	1951		♈	2008		♈	1973	(02:16)	♊
1987	(08:39)	♋	1952	(17:57)	♍	2009	(05:37)	♍	1974		♎
1988		♏	1953	(04:55)	♑	2010		♑	1975	(18:34)	♓
1989	(12:51)	♈	1954		♉	**04.05.**			1976		♋
1990		♌	1955	(05:26)	♎	1920	(13:59)	♐	1977	(16:59)	♐
1991		♐	1956		♒	1921	(09:14)	♈	1978		♈
1992		♉	1957	(20:08)	♋	1922		♉	1979		♌
1993		♍	1958		♏	1923	(08:14)	♑	1980	(08:14)	♑
1994		♒	1959	(23:19)	♈	1924		♉	1981		♉
1995		♊	1960		♌	1925		♍	1982	(07:32)	♎
1996	(13:42)	♏	1961		♐	1926	(04:31)	♒	1983	(00:09)	♒
1997		♓	1962	(07:49)	♉	1927		♊	1984		♏
1998	(10:49)	♌	1963		♍	1928		♏	1985		♏
1999	(08:36)	♐	1964	(19:06)	♒	1929		♓	1986		♓
2000		♈	1965		♊	1930	(17:32)	♌	1987	(21:06)	♌
2001	(03:16)	♍	1966	(22:23)	♏	1931		♐	1988		♐
2002		♑	1967	(01:47)	♓	1932	(12:46)	♉	1989	(12:55)	♉
2003		♉	1968		♋	1933	(09:41)	♑	1990		♍
2004		♎	1969	(12:19)	♐	1934		♑	1991		♑
2005	(15:43)	♓	1970		♈	1935	(06:26)	♊	1992	(01:28)	♊
2006		♋	1971	(22:03)	♍	1936		♎	1993		♎
2007		♏	1972		♑	1937		♒	1994	(01:47)	♓

Geburtsdatum/ Mondzeichen	Geburtsdatum/ Mondzeichen	Geburtsdatum/ Mondzeichen	Geburtsdatum/ Mondzeichen
1995 (01:45) ♋	1960 (09:59) ♍	1925 ♎	1982 (16:24) ♏
1996 (17:05) ♐	1961 ♐	1926 (07:32) ♓	1983 (12:44) ♓
1997 ♈	1962 (09:16) ♊	1927 ♋	1984 ♉
1998 (20:47) ♍	1963 ♎	1928 (05:32) ♐	1985 ♐
1999 (21:12) ♑	1964 ♒	1929 ♈	1986 ♈
2000 ♉	1965 ♋	1930 (20:11) ♍	1987 ♌
2001 (05:50) ♎	1966 ♏	1931 ♉	1988 ♑
2002 ♒	1967 (14:10) ♈	1932 ♎	1989 (13:03) ♊
2003 ♊	1968 ♌	1933 (15:17) ♎	1990 ♎
2004 ♏	1969 (12:57) ♑	1934 ♒	1991 ♒
2005 (19:36) ♈	1970 ♉	1935 (12:50) ♋	1992 (05:09) ♏
2006 (01:18) ♌	1971 ♍	1936 ♏	1993 ♏
2007 ♐	1972 (07:35) ♊	1937 ♓	1994 (13:01) ♓
2008 (12:58) ♉	1973 ♊	1938 ♌	1995 (13:55) ♌
2009 ♍	1974 (05:43) ♏	1939 ♐	1996 (18:54) ♑
2010 (21:51) ♒	1975 ♓	1940 (04:12) ♉	1997 ♉
05.05.	1976 ♋	1941 ♍	1998 ♍
1920 ♐	1977 ♐	1942 (08:56) ♒	1999 ♑
1921 ♈	1978 (22:52) ♉	1943 ♊	2000 ♒
1922 (18:19) ♍	1979 (15:41) ♍	1944 (23:18) ♏	2001 (09:00) ♏
1923 ♑	1980 ♑	1945 (10:21) ♓	2002 ♓
1924 (09:48) ♊	1981 (07:01) ♊	1946 ♋	2003 ♋
1925 (04:26) ♎	1982 ♎	1947 (13:09) ♐	2004 ♐
1926 ♒	1983 ♒	1948 ♈	2005 ♈
1927 (00:51) ♏	1984 (00:26) ♋	1949 ♌	2006 (13:20) ♍
1928 ♏	1985 (21:56) ♐	1950 ♑	2007 (10:21) ♑
1929 (21:51) ♈	1986 (00:01) ♈	1951 ♉	2008 (12:17) ♊
1930 ♉	1987 ♌	1952 (04:39) ♎	2009 ♎
1931 (18:35) ♑	1988 (14:54) ♑	1953 ♒	2010 ♒
1932 ♉	1989 ♉	1954 (03:30) ♋	**07.05.**
1933 ♍	1990 (18:28) ♎	1955 ♏	1920 (02:39) ♑
1934 (06:06) ♒	1991 (17:51) ♒	1956 (23:05) ♈	1921 ♉
1935 ♊	1992 ♏	1957 ♌	1922 (20:21) ♉
1936 (08:16) ♏	1993 (02:57) ♏	1958 (20:21) ♑	1923 ♒
1937 (02:57) ♓	1994 ♓	1959 (11:39) ♉	1924 (22:30) ♋
1938 (19:42) ♐	1995 ♋	1960 ♍	1925 (09:22) ♏
1939 (00:11) ♐	1996 ♐	1961 (12:24) ♒	1926 ♓
1940 ♈	1997 (18:04) ♉	1962 ♊	1927 (07:39) ♌
1941 (19:06) ♉	1998 ♍	1963 ♊	1928 ♐
1942 ♑	1999 ♑	1964 (04:43) ♓	1929 ♈
1943 (18:16) ♊	2000 (07:23) ♊	1965 ♋	1930 ♍
1944 ♎	2001 ♎	1966 (01:52) ♐	1931 ♑
1945 ♒	2002 (16:46) ♓	1967 ♈	1932 (01:20) ♊
1946 ♋	2003 (16:42) ♋	1968 (21:58) ♍	1933 ♎
1947 ♏	2004 (22:08) ♐	1969 ♑	1934 (09:26) ♓
1948 (08:28) ♈	2005 ♈	1970 (19:17) ♊	1935 ♋
1949 ♌	2006 ♌	1971 (10:59) ♎	1936 (19:54) ♐
1950 (12:08) ♉	2007 ♐	1972 ♒	1937 (06:47) ♈
1951 ♉	2008 ♉	1973 (02:35) ♋	1938 (23:17) ♍
1952 ♊	2009 (10:51) ♎	1974 ♏	1939 (08:34) ♑
1953 (10:12) ♒	2010 ♒	1975 ♓	1940 ♉
1954 ♊	**06.05.**	1976 (00:09) ♌	1941 (22:11) ♎
1955 (16:04) ♏	1920 ♐	1977 (16:54) ♑	1942 ♒
1956 ♓	1921 (16:32) ♉	1978 ♉	1943 ♊
1957 (23:53) ♌	1922 ♍	1979 ♍	1944 ♏
1958 ♐	1923 (13:05) ♒	1980 (15:03) ♒	1945 ♓
1959 ♈	1924 ♊	1981 ♊	1946 (00:04) ♌

Geburtsdatum/ Mondzeichen		Geburtsdatum/ Mondzeichen		Geburtsdatum/ Mondzeichen		Geburtsdatum/ Mondzeichen	
1947	♐	2004 (22:17)	♑	1969	♒	1934 (14:08)	♈
1948 (17:48)	♉	2005 (01:01)	♉	1970	♊	1935	♌
1949 (00:11)	♍	2006	♍	1971 (23:03)	♏	1936	♐
1950 (15:22)	♒	2007	♑	1972	♓	1937 (07:32)	♉
1951 (08:51)	♊	2008	♋	1973 (04:36)	♌	1938	♍
1952	♎	2009 (17:48)	♏	1974	♐	1939 (19:41)	♒
1953 (13:46)	♓	2010 (10:34)	♓	1975	♈	1940	♊
1954	♋	**08.05.**		1976 (05:21)	♍	1941 (22:34)	♏
1955	♏	1920	♑	1977 (19:00)	♒	1942	♓
1956	♈	1921 (20:51)	♊	1978 (08:18)	♊	1943	♋
1957	♌	1922	♎	1979 (03:48)	♎	1944 (07:27)	♐
1958	♑	1923 (22:06)	♓	1980 (19:33)	♓	1945	♈
1959	♑	1924	♋	1981	♋	1946 (05:57)	♍
1960 (17:30)	♎	1925	♏	1982	♏	1947 (00:55)	♑
1961	♒	1926 (09:55)	♈	1983 (23:17)	♈	1948	♉
1962 (13:28)	♊	1927	♋	1984	♌	1949 (02:07)	♊
1963 (07:16)	♏	1928 (18:09)	♑	1985	♑	1950 (22:34)	♓
1964	♓	1929 (01:18)	♉	1986	♉	1951 (21:13)	♋
1965 (01:50)	♐	1930 (23:30)	♉	1987	♍	1952	♏
1966	♐	1931 (02:37)	♒	1988	♒	1953 (15:49)	♈
1967	♈	1932	♊	1989 (15:19)	♋	1954	♌
1968	♍	1933 (17:07)	♏	1990 (06:22)	♏	1955	♐
1969 (14:28)	♒	1934	♓	1991 (05:04)	♓	1956 (04:24)	♉
1970	♊	1935 (22:55)	♌	1992 (08:07)	♌	1957	♍
1971	♎	1936	♍	1993	♐	1958 (02:29)	♒
1972 (14:28)	♓	1937	♈	1994	♈	1959 (00:34)	♊
1973	♋	1938	♍	1995 (23:33)	♍	1960 (21:07)	♏
1974 (13:05)	♐	1939	♑	1996 (20:39)	♒	1961	♓
1975 (07:03)	♈	1940 (14:34)	♊	1997	♊	1962 (21:35)	♌
1976	♌	1941	♋	1998	♎	1963 (19:42)	♐
1977	♑	1942 (13:43)	♓	1999	♒	1964	♈
1978	♉	1943 (04:17)	♋	2000	♋	1965 (04:47)	♍
1979	♍	1944	♏	2001 (14:05)	♐	1966	♑
1980	♒	1945 (12:25)	♈	2002 (05:22)	♈	1967	♎
1981 (07:18)	♋	1946	♌	2003 (02:46)	♌	1968 (02:21)	♎
1982	♏	1947	♐	2004	♑	1969 (18:04)	♓
1983	♓	1948	♉	2005	♉	1970 (03:17)	♋
1984 (05:43)	♌	1949	♍	2006	♍	1971	♏
1985 (23:11)	♑	1950	♒	2007 (18:48)	♏	1972 (17:35)	♈
1986 (10:59)	♉	1951	♊	2008 (12:02)	♋	1973	♌
1987 (09:07)	♍	1952 (11:49)	♏	2009	♏	1974 (23:15)	♑
1988 (18:37)	♒	1953	♓	2010	♓	1975 (18:03)	♓
1989	♊	1954 (08:29)	♌	**09.05.**		1976	♍
1990	♎	1955 (04:19)	♐	1920 (15:09)	♒	1977	♒
1991	♒	1956	♈	1921	♊	1978	♊
1992	♋	1957 (02:37)	♍	1922 (22:00)	♏	1979	♎
1993 (04:34)	♐	1958	♑	1923	♓	1980	♓
1994	♈	1959	♉	1924	♋	1981 (10:40)	♌
1995	♌	1960	♎	1925 (11:27)	♐	1982 (03:17)	♐
1996	♑	1961 (15:23)	♓	1926	♈	1983	♈
1997 (21:21)	♊	1962	♋	1927 (18:03)	♍	1984 (09:02)	♑
1998 (09:19)	♎	1963	♏	1928	♑	1985	♑
1999 (08:40)	♒	1964 (10:16)	♈	1929	♉	1986 (23:26)	♊
2000 (08:14)	♋	1965	♌	1930	♎	1987 (18:29)	♎
2001	♏	1966 (08:12)	♑	1931	♒	1988 (21:39)	♓
2002	♓	1967 (03:09)	♉	1932 (12:34)	♋	1989	♋
2003	♋	1968	♍	1933	♏	1990	♏

Geburtsdatum/ Mondzeichen			*Geburtsdatum/ Mondzeichen*			*Geburtsdatum/ Mondzeichen*			*Geburtsdatum/ Mondzeichen*		
1991		♓	1956		♉	1921		♋	1978		♋
1992		♌	1957	(04:57)	♉	1922		♏	1979		♏
1993	(08:51)	♑	1958		♒	1923	(10:12)	♈	1980		♈
1994	(01:50)	♉	1959		♊	1924		♌	1981	(17:55)	♍
1995		♍	1960		♏	1925	(12:30)	♉	1982	(15:49)	♑
1996		♒	1961	(18:56)	♈	1926		♉	1983	(06:36)	♉
1997		♊	1962		♌	1927		♍	1984	(10:54)	♎
1998	(22:10)	♏	1963		♐	1928	(04:58)	♒	1985		
1999	(17:16)	♓	1964	(12:09)	♉	1929		♊	1986		♊
2000	(10:01)	♌	1965		♍	1930	(04:06)	♏	1987		♎
2001		♐	1966	(17:52)	♒	1931		♓	1988		♓
2002		♈	1967	(15:08)	♊	1932	(21:47)	♌	1989		♌
2003		♐	1968		♋	1933		♐	1990		♐
2004	(23:46)	♒	1969		♓	1934	(20:24)	♉	1991		♈
2005	(08:29)	♊	1970		♋	1935	(11:26)	♍	1992		♍
2006	(02:10)	♎	1971		♏	1936		♑	1993	(16:44)	♒
2007		♒	1972		♈	1937	(06:56)	♊	1994	(14:43)	♊
2008		♋	1973	(09:13)	♍	1938		♎	1995	(05:30)	♓
2009		♏	1974		♑	1939		♒	1996		♋
2010	(22:29)	♈	1975		♉	1940		♋	1997		♋
10.05.			1976	(07:39)	♎	1941	(21:49)	♐	1998		♏
1920		♒	1977		♒	1942		♈	1999	(21:53)	♈
1921	(23:19)	♋	1978	(19:41)	♋	1943		♌	2000	(13:41)	♍
1922		♏	1979	(13:10)	♏	1944	(13:33)	♑	2001		♑
1923		♓	1980	(21:44)	♈	1945		♉	2002		♉
1924	(10:30)	♌	1981		♌	1946	(14:53)	♎	2003		♍
1925		♐	1982		♐	1947	(13:41)	♒	2004		♍
1926	(12:33)	♉	1983		♈	1948		♊	2005	(18:20)	♋
1927		♍	1984		♍	1949	(02:54)	♏	2006	(13:25)	♏
1928		♑	1985	(03:38)	♍	1950		♓	2007	(00:31)	♓
1929	(02:22)	♊	1986		♊	1951		♋	2008		♌
1930		♎	1987		♎	1952		♐	2009		♐
1931	(14:02)	♓	1988		♓	1953	(17:12)	♐	2010		♈
1932		♋	1989	(21:23)	♌	1954		♍	**12.05.**		
1933	(16:43)	♐	1990	(18:56)	♐	1955		♑	1920	(01:32)	♓
1934		♈	1991	(12:35)	♈	1956	(07:00)	♊	1921		♋
1935		♌	1992	(10:56)	♍	1957		♎	1922	(00:32)	♐
1936	(05:57)	♑	1993		♑	1958	(12:27)	♓	1923		♈
1937		♉	1994		♉	1959	(12:57)	♋	1924	(19:57)	♍
1938	(05:06)	♉	1995		♍	1960	(21:55)	♐	1925		♑
1939		♒	1996	(23:29)	♓	1961		♈	1926	(16:46)	♊
1940	(22:33)	♏	1997	(03:13)	♋	1962		♌	1927	(06:27)	♎
1941		♏	1998		♏	1963		♐	1928		♒
1942	(21:31)	♈	1999		♓	1964		♉	1929	(02:44)	♋
1943	(16:38)	♌	2000		♌	1965	(09:04)	♎	1930		♏
1944		♐	2001	(22:10)	♑	1966		♒	1931		♓
1945	(12:24)	♉	2002	(17:32)	♉	1967		♊	1932		♌
1946		♍	2003	(09:31)	♍	1968	(03:30)	♏	1933	(16:15)	♑
1947		♑	2004		♒	1969		♓	1934		♉
1948	(00:20)	♊	2005		♊	1970	(14:22)	♌	1935		♍
1949		♎	2006		♎	1971	(09:08)	♐	1936	(13:47)	♒
1950		♓	2007		♒	1972	(17:47)	♉	1937		♊
1951		♋	2008	(14:10)	♌	1973		♍	1938	(13:16)	♏
1952	(15:50)	♐	2009	(02:49)	♐	1974		♑	1939	(08:09)	♓
1953		♈	2010		♈	1975		♉	1940		♋
1954	(17:23)	♍	**11.05.**			1976		♎	1941		♐
1955	(17:19)	♑	1920		♒	1977	(00:29)	♓	1942		♈

Geburtsdatum / Mondzeichen

Spalte 1

Datum	(Zeit)	Mondzeichen
1943		♌
1944		♑
1945	(12:12)	♊
1946		♎
1947		♒
1948	(04:38)	♋
1949		♏
1950	(09:18)	♈
1951	(09:49)	♌
1952	(18:09)	♑
1953		♒
1954		♍
1955		♑
1956		♊
1957	(07:48)	♏
1958		♓
1959		♋
1960		♐
1961	(23:25)	♉
1962	(09:11)	♍
1963	(07:13)	♑
1964	(12:01)	♊
1965		♎
1966		♒
1967		♊
1968		♏
1969	(00:09)	♈
1970		♌
1971		♐
1972		♉
1973	(16:31)	♎
1974	(11:34)	♒
1975	(02:44)	♊
1976	(08:03)	♏
1977		♓
1978		♐
1979	(19:25)	♐
1980	(22:24)	♉
1981		♍
1982		♑
1983		♉
1984		♑
1985	(11:56)	♓
1986	(12:18)	♋
1987	(00:09)	♏
1988	(00:23)	♈
1989		♌
1990		♐
1991	(16:07)	♉
1992	(14:05)	♎
1993		♒
1994		♊
1995		♎
1996		♓
1997	(12:33)	♌
1998	(09:48)	♐
1999		♈

Spalte 2

Datum	(Zeit)	Mondzeichen
2000		♍
2001		♑
2002		♉
2003	(12:42)	♎
2004	(03:52)	♓
2005		♋
2006		♏
2007		♓
2008	(19:48)	♍
2009	(14:09)	♑
2010	(07:48)	♉
13.05.		
1920		♓
1921	(01:16)	♌
1922		♐
1923	(23:14)	♑
1924		♍
1925	(14:08)	♒
1926		♊
1927		♎
1928	(12:35)	♓
1929		♋
1930	(10:39)	♐
1931	(02:57)	♈
1932		♌
1933		♑
1934		♉
1935	(23:48)	♒
1936		♒
1937	(07:00)	♋
1938		♏
1939		♓
1940	(04:23)	♌
1941	(22:03)	♑
1942	(07:37)	♉
1943	(05:21)	♍
1944	(18:10)	♒
1945		♊
1946		♎
1947		♒
1948		♋
1949	(03:57)	♐
1950		♈
1951		♌
1952		♑
1953	(19:27)	♊
1954	(05:03)	♎
1955	(05:29)	♒
1956	(08:21)	♋
1957		♏
1958		♓
1959	(23:40)	♌
1960	(21:50)	♑
1961		♉
1962		♍
1963		♑
1964		♊

Spalte 3

Datum	(Zeit)	Mondzeichen
1965	(15:10)	♏
1966	(05:55)	♓
1967	(01:11)	♋
1968	(02:53)	♐
1969		♈
1970		♌
1971	(17:09)	♑
1972	(16:57)	♊
1973		♎
1974		♒
1975		♏
1976		♏
1977	(09:30)	♈
1978	(08:17)	♌
1979		♐
1980		♉
1981		♍
1982		♑
1983	(11:03)	♊
1984	(12:22)	♏
1985		♓
1986		♋
1987		♏
1988		♍
1989	(07:30)	♍
1990	(07:21)	♑
1991		♉
1992		♎
1993		♒
1994		♊
1995	(07:53)	♏
1996	(04:00)	♈
1997		♌
1998		♐
1999	(22:56)	♉
2000	(19:27)	♉
2001	(09:20)	♒
2002	(04:04)	♊
2003		♎
2004		♓
2005		♋
2006	(21:56)	♐
2007	(03:19)	♈
2008		♍
2009		♑
2010		♉
14.05.		
1920	(08:23)	♈
1921		♌
1922	(05:25)	♑
1923		♉
1924		♍
1925		♒
1926	(23:53)	♊
1927	(18:52)	♏
1928		♓
1929	(04:03)	♌

Spalte 4

Datum	(Zeit)	Mondzeichen
1930		♐
1931		♈
1932	(04:13)	♍
1933	(17:46)	♒
1934	(04:38)	♊
1935		♎
1936	(18:52)	♓
1937		♋
1938	(23:40)	♐
1939	(19:41)	♈
1940		♉
1941		♌
1942		♉
1943		♍
1944		♒
1945	(13:51)	♋
1946	(02:08)	♏
1947	(01:20)	♓
1948	(07:39)	♌
1949		♐
1950	(21:59)	♉
1951	(20:44)	♍
1952	(20:14)	♒
1953		♊
1954		♎
1955		♒
1956		♋
1957	(12:13)	♐
1958	(00:58)	♈
1959		♌
1960		♑
1961		♉
1962	(22:03)	♍
1963	(16:51)	♒
1964	(11:53)	♋
1965		♏
1966		♓
1967		♋
1968		♐
1969	(08:28)	♉
1970	(03:11)	♍
1971		♑
1972		♊
1973		♎
1974		♒
1975	(09:08)	♋
1976	(08:04)	♐
1977		♈
1978		♌
1979	(23:25)	♑
1980	(23:07)	♊
1981	(04:24)	♎
1982	(04:44)	♒
1983		♊
1984		♏
1985	(23:25)	♈
1986		♋

Geburtsdatum/ Mondzeichen	Geburtsdatum/ Mondzeichen	Geburtsdatum/ Mondzeichen	Geburtsdatum/ Mondzeichen
1987 (02:41) ♐	1952 ♒	2009 (03:01) ♒	1974 ♓
1988 (03:22) ♉	1953 ♊	2010 ♊	1975 (13:38) ♌
1989 ♍	1954 (17:42) ♏	**16.05.**	1976 (09:31) ♉
1990 ♑	1955 (14:53) ♓	1920 (11:35) ♉	1977 ♉
1991 (17:02) ♊	1956 (09:52) ♌	1921 ♍	1978 ♍
1992 (18:15) ♏	1957 ♐	1922 (13:46) ♒	1979 ♑
1993 (03:51) ♓	1958 ♈	1923 (11:27) ♊	1980 ♊
1994 (02:27) ♋	1959 ♋	1924 ♎	1981 (16:37) ♏
1995 ♏	1960 (22:51) ♒	1925 ♓	1982 (15:46) ♓
1996 ♈	1961 (05:34) ♊	1926 ♋	1983 ♋
1997 ♌	1962 ♋	1927 ♏	1984 ♐
1998 (19:39) ♑	1963 ♒	1928 ♈	1985 ♈
1999 ♉	1964 ♋	1929 (07:33) ♍	1986 ♈
2000 ♎	1965 (23:32) ♐	1930 ♑	1987 (03:37) ♑
2001 ♒	1966 (18:15) ♈	1931 ♉	1988 (07:31) ♊
2002 ♏	1967 (08:49) ♌	1932 (07:32) ♎	1989 ♎
2003 (13:14) ♏	1968 (02:31) ♑	1933 (22:34) ♓	1990 ♒
2004 (11:02) ♈	1969 ♉	1934 (15:17) ♋	1991 (17:14) ♋
2005 (06:17) ♐	1970 ♍	1935 (09:54) ♏	1992 ♌
2006 ♏	1971 (23:19) ♒	1936 (21:14) ♈	1993 (16:24) ♈
2007 ♈	1972 (17:16) ♋	1937 ♌	1994 (11:58) ♌
2008 ♍	1973 (02:09) ♏	1938 ♐	1995 ♐
2009 ♑	1974 (00:03) ♓	1939 ♈	1996 ♉
2010 (14:18) ♊	1975 ♋	1940 ♍	1997 ♍
15.05.	1976 ♐	1941 (01:15) ♒	1998 ♑
1920 ♈	1977 (21:04) ♉	1942 ♊	1999 ♊
1921 (03:51) ♍	1978 (20:15) ♍	1943 ♎	2000 (03:16) ♏
1922 ♑	1979 ♑	1944 ♓	2001 ♐
1923 ♉	1980 ♊	1945 (18:57) ♌	2002 ♋
1924 (01:28) ♎	1981 ♎	1946 (14:46) ♐	2003 (12:43) ♐
1925 (17:23) ♓	1982 ♒	1947 (09:56) ♈	2004 (20:57) ♉
1926 ♋	1983 (13:48) ♒	1948 (10:14) ♍	2005 (18:46) ♍
1927 ♏	1984 (14:50) ♐	1949 ♑	2006 (03:59) ♎
1928 (16:30) ♈	1985 ♈	1950 ♉	2007 ♏
1929 ♌	1986 (00:15) ♌	1951 ♍	2008 ♑
1930 (19:39) ♑	1987 ♐	1952 (23:05) ♓	2009 ♒
1931 (14:54) ♉	1988 ♉	1953 (00:16) ♋	2010 (18:45) ♋
1932 ♍	1989 (20:07) ♎	1954 ♏	**17.05.**
1933 ♒	1990 (18:30) ♒	1955 ♓	1920 ♉
1934 ♊	1991 ♊	1956 ♌	1921 (07:46) ♒
1935 ♎	1992 ♏	1957 (19:13) ♑	1922 ♒
1936 ♏	1993 ♓	1958 (13:50) ♉	1923 ♊
1937 (09:27) ♌	1994 ♋	1959 (07:38) ♍	1924 (03:10) ♏
1938 ♐	1995 (07:58) ♐	1960 ♒	1925 (22:34) ♈
1939 ♈	1996 (10:25) ♉	1961 ♊	1926 (10:20) ♐
1940 (08:18) ♍	1997 (00:43) ♍	1962 ♎	1927 (05:58) ♐
1941 ♑	1998 ♑	1963 (23:32) ♓	1928 (17:25) ♉
1942 (19:15) ♊	1999 (22:07) ♊	1964 (13:31) ♌	1929 ♍
1943 (15:44) ♎	2000 ♎	1965 ♐	1930 ♑
1944 (21:35) ♓	2001 (22:01) ♓	1966 ♈	1931 ♉
1945 ♋	2002 (12:33) ♋	1967 ♐	1932 ♉
1946 ♏	2003 ♏	1968 ♑	1933 ♓
1947 ♓	2004 ♈	1969 (18:41) ♊	1934 ♋
1948 ♌	2005 ♌	1970 (15:02) ♎	1935 ♏
1949 (06:57) ♑	2006 ♐	1971 ♒	1936 ♈
1950 ♉	2007 (03:48) ♉	1972 ♋	1937 (15:19) ♍
1951 ♍	2008 (04:46) ♎	1973 ♏	1938 (11:51) ♑

Geburtsdatum/Mondzeichen		Geburtsdatum/Mondzeichen		Geburtsdatum/Mondzeichen		Geburtsdatum/Mondzeichen	
1939 (04:28)	♉	1996 (18:48)	♊	1961	♋	1926 (22:54)	♍
1940 (10:40)	♎	1997 (13:27)	♎	1962	♏	1927 (15:11)	♑
1941	♒	1998 (03:30)	♒	1963	♓	1928 (16:56)	♊
1942	♊	1999 (21:39)	♋	1964 (18:02)	♍	1929	♎
1943 (22:19)	♏	2000	♏	1965 (10:20)	♑	1930	♒
1944	♓	2001	♓	1966 (04:49)	♉	1931	♊
1945	♌	2002 (18:52)	♌	1967	♍	1932	♏
1946	♐	2003	♐	1968	♒	1933 (06:45)	♈
1947	♈	2004	♉	1969	♊	1934 (03:55)	♌
1948	♍	2005	♍	1970 (23:49)	♏	1935	♐
1949 (13:19)	♒	2006	♑	1971 (03:39)	♓	1936	♉
1950 (10:52)	♊	2007 (03:34)	♊	1972	♌	1937	♍
1951 (04:05)	♎	2008 (15:59)	♏	1973	♐	1938	♑
1952	♓	2009 (15:17)	♓	1974	♈	1939 (10:06)	♊
1953	♋	2010	♋	1975 (16:45)	♍	1940 (12:12)	♏
1954	♏	**18.05.**		1976 (14:02)	♒	1941	♓
1955 (20:21)	♈	1920 (12:13)	♊	1977 (09:50)	♊	1942	♋
1956 (12:40)	♍	1921	♎	1978 (05:24)	♎	1943	♏
1957	♑	1922	♒	1979	♒	1944	♈
1958	♉	1923 (22:03)	♋	1980	♋	1945 (03:56)	♍
1959	♍	1924	♏	1981	♏	1946 (03:42)	♑
1960	♒	1925	♈	1982 (23:04)	♈	1947	♉
1961 (14:17)	♋	1926	♌	1983	♌	1948	♎
1962 (09:43)	♏	1927	♐	1984	♑	1949 (23:26)	♓
1963	♓	1928	♉	1985	♉	1950 (22:50)	♋
1964	♌	1929 (13:52)	♎	1986	♍	1951 (07:23)	♏
1965	♐	1930 (07:03)	♒	1987 (04:42)	♑	1952 (03:07)	♈
1966	♈	1931 (00:26)	♊	1988 (14:05)	♋	1953	♌
1967 (13:52)	♍	1932 (08:15)	♏	1989 (08:48)	♏	1954	♐
1968 (04:22)	♒	1933	♓	1990 (02:54)	♈	1955 (22:12)	♉
1969	♊	1934	♋	1991 (18:30)	♌	1956 (17:25)	♎
1970	♎	1935 (17:13)	♐	1992	♐	1957 (05:12)	♒
1971	♒	1936 (21:48)	♉	1993	♈	1958 (01:14)	♊
1972 (20:38)	♌	1937	♍	1994 (18:31)	♍	1959	♎
1973 (13:41)	♐	1938	♑	1995	♑	1960	♓
1974 (10:20)	♈	1939	♎	1996	♊	1961	♋
1975	♌	1940	♎	1997	♎	1962 (19:02)	♐
1976	♑	1941 (08:33)	♓	1998	♒	1963 (02:48)	♈
1977	♉	1942 (07:49)	♉	1999	♋	1964	♍
1978	♍	1943	♏	2000 (13:09)	♐	1965	♑
1979 (02:26)	♒	1944 (00:03)	♈	2001 (09:41)	♈	1966	♉
1980 (01:52)	♋	1945	♐	2002	♌	1967 (16:31)	♓
1981	♏	1946	♐	2003 (13:03)	♑	1968 (09:53)	♓
1982	♓	1947 (14:51)	♉	2004	♉	1969 (06:30)	♋
1983 (16:01)	♌	1948 (13:07)	♎	2005	♍	1970	♏
1984 (19:43)	♑	1949	♒	2006 (08:19)	♒	1971	♓
1985 (12:23)	♉	1950	♊	2007	♊	1972	♌
1986 (09:45)	♍	1951	♎	2008	♏	1973	♐
1987	♑	1952	♓	2009	♓	1974 (17:10)	♉
1988	♊	1953 (08:47)	♌	2010 (22:06)	♌	1975	♍
1989	♎	1954 (05:53)	♐	**19.05.**		1976	♒
1990	♒	1955	♈	1920	♊	1977	♊
1991	♓	1956	♍	1921 (13:21)	♎	1978	♍
1992 (00:22)	♐	1957	♑	1922 (01:20)	♓	1979 (05:18)	♓
1993	♈	1958	♉	1923	♋	1980 (08:14)	♌
1994	♌	1959 (12:06)	♎	1924 (02:33)	♐	1981 (05:14)	♐
1995 (07:36)	♑	1960 (02:23)	♓	1925	♈	1982	♈

Geburtsdatum/ Mondzeichen		Geburtsdatum/ Mondzeichen		Geburtsdatum/ Mondzeichen		Geburtsdatum/ Mondzeichen	
1983	(18:37) ♍	1948	(16:55) ♏	2005	♎	1970	(05:11) ♐
1984	♑	1949	♓	2006	(11:39) ♓	1971	♈
1985	♉	1950	♋	2007	♋	1973	♑
1986	(15:41) ♎	1951	♏	2008	(04:19) ♐	1974	(20:54) ♊
1987	♒	1952	♐	2009	(00:30) ♈	1975	
1988	♋	1953	(20:31) ♍	2010	♌	1977	♋
1989	♏	1954	(16:49) ♑	**21.05.**		1978	
1990	♓	1955	♉	1920	♋	1979	(08:30) ♑
1991	♌	1956	♎	1921	(20:52) ♐	1981	(17:20) ♑
1992	(09:13) ♑	1957	♒	1922	(14:13) ♈	1982	(02:22) ♎
1993	(04:16) ♉	1958	♊	1923	(06:40) ♌	1983	(22:11) ♎
1994	♊	1959	(13:24) ♏	1924	(01:48) ♉	1985	♊
1995	(08:39) ♍	1960	(08:55) ♈	1925	♍	1986	(18:02) ♏
1996	♊	1961	(01:45) ♌	1926	♍	1987	♓
1997	♎	1962	♐	1927	(22:16) ♒	1989	♐
1998	(09:03) ♓	1963	♈	1928	(16:57) ♏	1990	♈
1999	(23:37) ♌	1964	♍	1929	♏	1991	♍
2000	♐	1965	(22:50) ♒	1930	♓	1993	(14:07) ♊
2001	♈	1966	(12:40) ♎	1931	♐	1994	♓
2002	(23:01) ♍	1967	♎	1932	♐	1995	(12:40) ♓
2003	♑	1968	♓	1933	(17:26) ♉	1997	♈
2004	(08:47) ♊	1969	♋	1934	(16:35) ♍	1998	(12:06) ♌
2005	(05:30) ♎	1970	♏	1935	♑	1999	♉
2006	♒	1971	(06:11) ♈	1936	♊	2001	♍
2007	(04:38) ♏	1972	(03:56) ♍	1937	♎	2002	♒
2008	♏	1973	(02:30) ♑	1938	♐	2003	♒
2009	♓	1974	♉	1939	(13:23) ♋	2006	♌
2010	♌	1975	(19:05) ♎	1940	(14:00) ♐	2007	(08:56) ♍
20.05.		1976	(22:27) ♓	1941	♈	2010	(00:58) ♍
1920	(12:01) ♋	1977	(22:35) ♋	1942	♌	**22.05.**	
1921	♏	1978	(10:39) ♏	1943	♐	1920	(12:49) ♌
1922	♓	1979	♓	1944	♉	1921	♐
1923	♋	1980	♌	1945	(15:43) ♎	1922	♈
1924	♐	1981	♐	1946	(15:31) ♒	1923	♌
1925	(05:41) ♉	1982	♈	1947	♊	1924	♑
1926		1983	♍	1948	♏	1925	(14:50) ♊
1927	♑	1984	(03:55) ♒	1949	♓	1926	(11:04) ♎
1928	♊	1985	(01:01) ♊	1950	♋	1927	♒
1929	(22:54) ♏	1986	♋	1951	(07:44) ♉	1928	♏
1930	(19:34) ♓	1987	(07:24) ♓	1952	(08:29) ♉	1929	♏
1931	(07:26) ♋	1988	(23:51) ♌	1953	♍	1930	♐
1932	(07:48) ♐	1989	(19:52) ♐	1954	♍	1931	(12:27) ♑
1933	♈	1990	(07:31) ♈	1955	(21:56) ♊	1932	(08:12) ♉
1934	♌	1991	(22:00) ♍	1956	♎	1933	♍
1935	(22:20) ♑	1992	♑	1957	(17:20) ♓	1934	♍
1936	(22:12) ♊	1993	♉	1958	(10:23) ♋	1935	♑
1937	(00:34) ♒	1994	(21:55) ♎	1959	♏	1936	♊
1938	(00:37) ♒	1995	♒	1960	♈	1937	(12:18) ♏
1939	♊	1996	(05:16) ♋	1961	♌	1938	(12:08) ♓
1940	♏	1997	(00:11) ♏	1962	♐	1939	♋
1941	(19:34) ♈	1998	♓	1963	(03:21) ♉	1940	♐
1942	(20:21) ♌	1999	♌	1964	(01:41) ♎	1941	♈
1943	(01:33) ♐	2000	♐	1965	♒	1942	♌
1944	(02:15) ♍	2001	(18:29) ♉	1966	♊	1943	(03:00) ♑
1945	♑	2002	♍	1967	(17:30) ♏	1944	(05:26) ♊
1946	♑	2003	(16:01) ♒	1968	(19:14) ♈	1945	♒
1947	(16:51) ♊	2004	♊	1969	(19:12) ♌	1946	♒

Geburtsdatum / Mondzeichen			Geburtsdatum / Mondzeichen			Geburtsdatum / Mondzeichen			Geburtsdatum / Mondzeichen		
1947	(17:27)	♋	1963		♉	1979		♈	1995		♓
1948	(22:22)	♐	1964		♎	1980		♍	1996	(17:28)	♌
1949	(12:02)	♈	1965		♒	1981		♑	1997	(07:51)	♐
1950	(09:06)	♌	1966	(18:00)	♋	1982		♉	1998		♈
1951		♐	1967		♏	1983		♎	1999	(05:15)	♍
1952		♉	1968		♈	1984	(15:09)	♓	2000		♑
1953		♍	1969		♌	1985	(12:05)	♋	2001		♉
1954		♑	1970		♐	1986		♏	2002	(01:19)	♎
1955		♊	1971	(07:31)	♉	1987	(12:23)	♈	2003	(22:41)	♓
1956	(00:26)	♏	1972	(14:36)	♎	1988		♌	2004		
1957		♓	1973	(15:17)	♒	1989		♐	2005		♏
1958		♋	1974		♊	1990	(08:42)	♉	2006	(14:24)	♈
1959	(12:51)	♐	1975	(21:25)	♏	1991		♍	2007		
1960	(18:00)	♉	1976		♓	1992		♒	2008	(16:55)	♑
1961	(14:38)	♍	1977		♋	1993		♊	2009	(05:40)	♉
1962	(02:08)	♑	1978	(12:31)	♐	1994	(22:51)	♏	2010		♍

Wie Sie mehr über Ihr Horoskop erfahren können

Der Unterschied zwischen dem, was ein Buch über Tierkreiszeichen an individueller Deutung leisten kann, und der Interpretation Ihres persönlichen Horoskops ist wesentlich größer als der zwischen einem Anzug von der Stange und einem maßgefertigten Kleidungsstück.

Astrologie-programme

Wenn Sie mehr darüber erfahren wollen, was die Gestirne über Ihr individuelles Schicksal aussagen, benötigen Sie zunächst einmal ein genau berechnetes Horoskop. Wer einen Computer hat oder jemanden kennt, der einen besitzt, hat es leicht: Es gibt eine Vielzahl von Astrologieprogrammen, die für jeden Geschmack und jeden Geldbeutel etwas bieten. Wenn Sie bereits einen Horoskopausdruck haben, können Sie sich mit Hilfe astrologischer Lehrbücher an eine genauere Interpretation herantasten. Es existieren außerdem Astrologieschulen, die Sie in der Horoskopdeutung unterrichten können. Schließlich gibt es Firmen, die Horoskopberechnungen und Computerdeutungen anbieten.

Vorsicht vor Scharlatanen

Leider ist auch in der Astrologie nicht alles Gold, was glänzt. Neben seriösen Astrologen, die Ihnen eine echte Lebenshilfe geben können, tummeln sich auf dem Gebiet auch viele Scharlatane. Das gleiche gilt sinngemäß natürlich für Bücher, Computerprogramme und Deutungen.

Wenn Sie in dieser Hinsicht Hilfestellung und unverbindliche Informationen wünschen, können Sie sich gern direkt an den Autor wenden. Die Adresse finden Sie auf Seite 8.

Bitte legen Sie einen adressierten DIN-A4-Um-
schlag und DM 5,– in Briefmarken bei, und
verwenden Sie das *Stichwort »Astro-Info«*. Sie
erhalten dann eine umfangreiche Liste mit
unseren persönlichen Empfehlungen zu allen
Bereichen der Astrologie. Ihre Adresse wird
von uns nicht gespeichert und auch nicht an
andere weitergegeben.

Wenn Sie eine schriftliche Horoskopdeutung nach der Methode des Autors möchten,
ohne daß Sie sich selbst mit Computerberech-
nungen auseinandersetzen müssen, können
Sie hierzu kostenlos und unverbindlich Informationsmaterial unter der Adresse des Autors
anfordern *(Stichwort »Querverbindungen«)*.

Die Deutung und Bedeutung des Aszendenten

Wie bereits im Einleitungskapitel dargestellt,
besteht ein Horoskop aus vielen verschiedenen
Deutungselementen, von denen das Tierkreiszeichen zwar das bekannteste, aber eben nur
eines von vielen ist. Das Tierkreiszeichen eines
Menschen ist wie gesagt nichts anderes als die
Position der Sonne im Tierkreis (= Zodiakus) *Sonnen-*
zum Zeitpunkt der Geburt. Da unser Kalender *zeichen*
ebenfalls mit dem Sonnenlauf – von der Erde
aus gesehen – korrespondiert, läßt sich anhand
des Geburtsdatums recht genau bestimmen,
welches Tierkreiszeichen zu einem gehört.
Dies ist sicherlich der Hauptgrund, warum die
Sonnenzeichen so populär wurden.

Der wohl wichtigste Einzelfaktor für ein wirklich persönliches Horoskop ist aber der Aszen-

dent. Der Begriff kommt von dem lateinischen Wort *ascendere,* was soviel wie »aufsteigen« bedeutet. Mit dem Aszendenten ist der Abschnitt des Zodiakus gemeint, der im Augenblick der Geburt in östlicher Richtung am Horizont aufgeht. Der Aszendent ist außerdem identisch mit der Spitze – also dem Anfang – des ersten Hauses. Da der Aszendent etwa alle vier Minuten *Geburtsort* seine Position ändert, müssen Geburtsort und die genaue Geburtszeit bekannt sein, um ihn bestimmen zu können. Wenn Sie Ihre Geburtszeit kennen, steht der Berechnung des Aszendenten nichts im Wege. Falls sie Ihnen nicht bekannt ist, können Sie sie wie gesagt beim Standesamt Ihres Geburtsortes erfahren. Bei den meisten Standesämtern wird eine schriftliche Anfrage mit frankiertem Rückumschlag umgehend bearbeitet, manche verlangen allerdings eine Gebühr. Telefonisch erhalten Sie wegen des Datenschutzes nur selten Auskunft.

Im folgenden Abschnitt wird beschrieben, wie Sie den Aszendenten einfach feststellen können. Dank eines völlig neuen Verfahrens ist dies erstmals ohne komplizierte Berechnungen und absolut zuverlässig möglich.

Wie ist der Aszendent zu deuten? Vereinfacht gesagt, gibt der Aszendent Auskunft darüber, wer wir sind, während das Sonnenzeichen beschreibt, wie wir uns verhalten. Wenn wir den Menschen mit einem Auto vergleichen, dann würde der Aszendent uns verraten, um was für ein Gefährt es sich handelt, während das Tierkreiszeichen – also die Position der Sonne – uns Aufschluß darüber gibt, wie es behandelt und gefahren wird. Dies zeigt auch schon, daß die oft gestellte Frage, was denn nun wichtiger sei, der Aszendent oder das Tierkreiszeichen, im Grunde unsinnig ist. Handeln (Sonne) setzt Körperlichkeit (Aszendent) voraus. Eine Veranlagung (Aszendent), die nicht gelebt wird (Sonne), ist bedeutungslos. *Körperlichkeit*

Wie können Sie nun Näheres zur Interpretation Ihres Aszendenten erfahren? Hier gibt es mehrere Wege. Der einfachste ist natürlich, sich ein spezielles Buch zu diesem Thema zu besorgen und unter dem entsprechenden Kapitel nachzuschlagen. Vielleicht kennen Sie auch jemanden, der sich intensiver mit Astrologie beschäftigt und Ihnen persönlich Auskünfte über die Bedeutung Ihres Aszendenten und Ihres Sonnenzeichens geben kann. Falls Sie ein Tierkreiszeichen-Buch (zum Beispiel aus dieser Reihe) Ihres Aszendenten-Zeichens besitzen, können Sie auch das lesen und dabei im Hinterkopf behalten, daß es sich hier weniger um Ihr tatsächliches Verhalten, sondern um Ihre Charakteranlagen handelt. Da sich allerdings unsere Anlagen und unser Verhalten ständig wechselseitig beeinflussen, erzielen Sie schon gute Ergebnisse, wenn Sie sich selbst einfach als eine »Mischung« beider Zeichen betrachten. *Charakteranlagen*

Falls Sie feststellen sollten, daß bei Ihnen Sonne und Aszendent im gleichen Tierkreiszeichen stehen, müssen Sie natürlich kein weiteres Buch zu Rate ziehen. Für Sie sollten dann die in diesem Band gemachten Aussagen in besonderem Maße zutreffen.

18 19 20 21 22 23 24/0 1 2 3 4 5 6 7 8 9 10 11 12 13 14 15 16 17 18 ◀ A

Löwe	Jungfrau	Waage	Skorpion	Schütze	Steinbock	Wassermann	Fische	Widder	Stier	Zwilling	Krebs	Löwe	Jungfrau	Waage	Skorpion	Schütze	Steinbock	Wassermann	Fische	Widder	Stier	Zwilling	Krebs
♌	♍	♎	♏	♐	♑	♒	♓	♈	♉	♊	♋	♌	♍	♎	♏	♐	♑	♒	♓	♈	♉	♊	♋

Januar | Februar | März | April | Mai | Juni | Juli | August | September | Oktober | November | Dezember

Die Bestimmung des Aszendenten

Die Verwendung der nachfolgenden Aszendentengrafik ist denkbar einfach: Die Skala am linken Rand (C) gibt das Datum an, die Skala am rechten Rand (A) die Uhrzeit. Markieren Sie Ihr Geburtsdatum und Ihre Geburtszeit, nehmen Sie ein Lineal und verbinden Sie beides mit einem Strich – fertig! Das Tierkreiszeichen (B) in der Mitte der Grafik, das von Ihrer Linie gekreuzt wird, ist Ihr Aszendent. Wichtige Hinweise: Die Grafik bezieht sich auf mitteleuropäische Zeit. Falls bei Ihrer Geburt die Sommerzeit galt, müssen Sie eine Stunde abziehen. Eine Sommerzeitentabelle finden Sie im Anhang dieses Buches. Die Aszendentengrafik funktioniert nur dann, wenn Sie in Deutschland geboren sind. Ohne eine wirklich genaue Geburtszeitangabe ist kein zuverlässiges Ergebnis zu erzielen.

Literatur

Brigitte Hamann: Die zwölf Archetyen. München 1991.
Michael Roscher: Astrologische Aspektlehre. München 1997.
Michael Roscher: Das Astrologiebuch. München 1989.
Michael Roscher: Der Mond. München 1997.
Michael Roscher: Kritische Grade im Radix. Selbstverlag 1995.*
Michael Roscher: Kritische Grade in der Prognose. Selbstverlag 1995.*

* zu beziehen bei:
Buchhandlung Licht und Schatten
Ehrenstraße 18–26
D–50672 Köln
Tel. 02 21/25 43 40, Fax 02 21/25 42 02

Bildnachweis

Seite 23: Johfra: Astrologie. Tierkreiszeichen. © 1998 Johfra/Verkerke Reprodukties NV – all rights reserved –. Mit freundlicher Genehmigung.

Seite 25: Udo Becker (Hrsg.): Lexikon der Astrologie. Herder/Spektrum Bd. 4596. Freiburg 2. Auflage 1997. Mit freundlicher Genehmigung des Verlags Herder.

Seite 30, 41: AKG, Berlin.

Seite 33, 136: Illustrationen aus dem Tarotkartenspiel Rider Waite®, auch bekannt als Rider Tarot und Waite Tarot. Mit freundlicher Genehmigung von U.S. Games Systems, Inc., Stamford, CT 06902 USA. Copyright © 1971 U.S. Games Systems, Inc. Weitere Reproduktion nicht gestattet. Das Tarotkartenspiel Rider-Waite® ist ein eingetragenes Warenzeichen für U.S. Games Systems, Inc.

Seite 108: Darstellung des Stiers im »Tractatus sphaera«.

Seite 115: Hans Biedermann: Handlexikon der magischen Künste. Graz 1976. Mit freundlicher Genehmigung der Akademischen Druck- und Verlagsanstalt.

Seite 120: Nicholas Campion: Der praktische Astrologe. Hamburg 1988.

Seite 122: Wolfgang Bauer/Irmtraud Dümotz/Sergius Golowin: Lexikon der Symbole. München 1987.

Seite 123: Abbildung aus dem Tarot Arcus Arcanum mit Erlaubnis der Firma AGM AGMüller, Neuhausen/Schweiz. © 1987 AGM. Weitere Reproduktion nicht gestattet.

Seite 147: Sachs/Badstübner/Neumann: Christliche Ikonographie in Stichworten. München 1975. Mit freundlicher Genehmigung des Kösel Verlags.

Seite 164: L. Frobenius/H. Obermaier: Hadschra Maktouba, München o. J.

Das Märchen »Ellenlang, Meilenbreit und Feuerauge« auf S. 151 ff. wurde folgendem Band entnommen: Helga Gebert: Die sieben Söhne. Weinheim/Basel 1991. Mit freundlicher Genehmigung der Verlagsgruppe Beltz & Gelberg.

Trotz intensiver Recherchen konnten nicht alle Rechteinhaber ermittelt werden. Der Verlag ist selbstverständlich bereit, berechtigte Forderungen abzugelten.